Cómo sobreviví 15 meses entre rejas

Cómo sobreviví 15 meses entre rejas

La historia contada en primera persona del ciudadano español encarcelado en una de las prisiones más salvajes de Irán

SANTIAGO SÁNCHEZ COGEDOR

alienta
EDITORIAL

© Centro de Libros PAPF, SLU., 2024
Alienta es un sello editorial de Centro de Libros PAPF, SLU.
Av. Diagonal, 662-664
08034 Barcelona
www.planetadelibros.com

Primera edición: junio de 2024
Depósito legal: B. 9.375-2024
ISBN: 78-84-1344-344-7
Composición: Realización Planeta
Impresión y encuadernación: Egedsa
Printed in Spain - Impreso en España

PEFC Certificado

Este libro procede de
bosques gestionados
de forma sostenible

PEFC/14-38-00305   www.pefc.es

Si te sientes perdido en el mundo es porque todavía no has salido a buscarte.

NELSON MOCHILERO

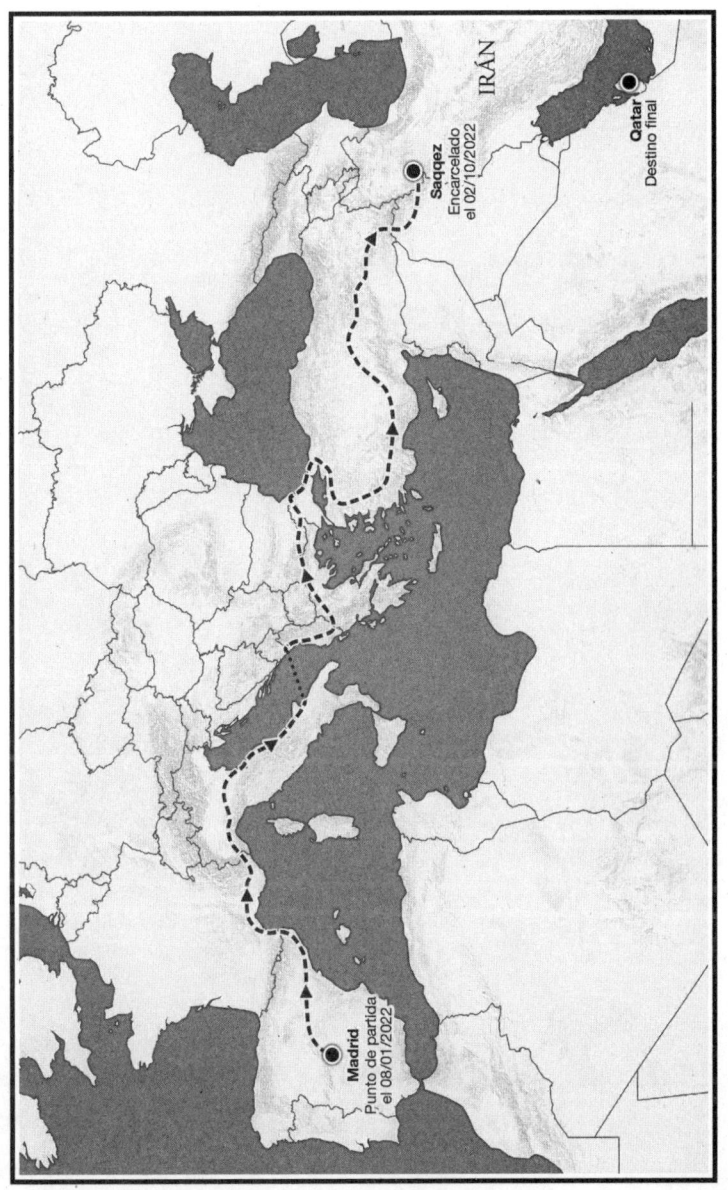

Sumario

Prólogo

Imagina que estás escribiendo notas en un cuaderno y de repente coges el color rojo. Lo usas para poner que tu amigo de la cárcel acaba de conocer su sentencia: muerte. Puede ser que tú lo tengas que imaginar, pero para mí es real. Yo lo he visto. Una captura. De una hoja. De un cuaderno. De Santiago Sánchez Cogedor. Anotaba cosas para no olvidarlas.

También escribió: «Martes, visitas. Huele a perfume. A mí nadie me visita». Ahora te voy a contar otra cosa que también vi. Aeropuerto de Madrid. 2 de enero de 2024, por la mañana. Había bastante gente arremolinada en una de las salidas de los vuelos internacionales. Todos estábamos allí para recibir a Santiago después de quince meses en una cárcel de Irán. Sus amigos más próximos intentaron protegerle en la salida de manera que no se encontrase con un tumulto de gente que le pudiese agobiar.

Debemos tener en cuenta que la secuencia anterior había sido ésta. Le sacaron de la cárcel el 31 de diciembre por la tarde, le recogió el embajador, pasó el 1 de enero haciendo papeles con el miedo en el cuerpo por si de repente surgía algún contratiempo. Le metieron en un avión, solo, y llegó a Madrid. Los quince meses anteriores los había pasado en una prisión acusado de espionaje, en una situación jurídica complicadísima que el Gobierno tardó más de un año en solucionar. Lo que Santiago vivió esos quince meses en la prisión, en las condiciones que sobrevivió, y lo que a él le pasó, será lo que él cuente en este libro. Pero yo vuelvo al aeropuerto de Madrid, a ese momento en el que las conversaciones eran: «Santiago viene de una situación durísima y tiene que haber una transición a su nueva realidad. Esta multitud puede ser un impacto muy grande».

Cuando la puerta se abrió había un pasillo de gente que rompió en aplausos. Sus amigos más íntimos le abrazaron, hubo lágrimas, hubo sonrisas, hubo más aplausos. Las televisiones grabaron todo aquello. Y le hicieron preguntas. Santiago traía preparado, escrito en un papel, lo que quería decir a su llegada y lo soltó ante los micrófonos. Pero lo importante, lo que quiero contar, viene ahora. Cuando todo se deshizo, Santiago empezó a preguntar a gritos dónde estaba la caja. «¿Dónde está la caja?, ¿dónde está la caja?, ¿dónde está mi mochila? Traedme la caja, por favor.» Alguien se la acercó. Se organizó un corrillo. Santiago la abrió y dijo:

«Os he traído unos regalos. Los he hecho con mis manos en la cárcel». Y empezó a sacar trabajos de madera personalizados para cada uno de los que estábamos allí. Un escudo del Real Madrid hecho a mano, unos nombres tallados en madera, unos rosarios hechos con huesos de cereza y aceituna.

Yo no lo podía creer. El tipo había salido de la cárcel, de la peor experiencia de su vida, de una tumba de vidas, y traía regalos para todos. Fue la escenificación material de un acto de generosidad impresionante. En el mundo «normal», lo normal habría sido que hubiese una pancarta de bienvenida, un ramo de flores, un regalo para él. Y, sin embargo, en el mundo que genera Santiago Sánchez Cogedor las cosas muchas veces funcionan al revés. El que hace los regalos es él. En realidad, él está constantemente regalando cosas, su tiempo, mensajes, presencias; el motor de la vida de Santiago es darse a los demás.

Yo le conocí en mi época de *Deportes Cuatro*. En el informativo del mediodía tenía una sección en la que podía elegir el tema del que se hablaba, y siempre me alejaba del fútbol. Un día alguien me contó que otro alguien conocía a alguien que se iba a ir a ver la Supercopa de España a Arabia Saudí en bicicleta. Y pensé: bueno, es fútbol, pero no es fútbol. Es un friki de cuidado. Así que le llamé porque pensé que detrás de eso tenía que haber una historia. En esa primera conversación telefónica me dijo que dejaba el trabajo y se iba en bicicleta a la Supercopa de España. Tal cual. Le pregunté si hacía mucha bici y su respuesta fue ésta: «Qué va, yo no monto, ni siquiera tengo bicicleta». Era un auténtico disparate. Todo. Le dije: «Bueno, vente a la tele, te grabaré una entrevista en el plató y luego ya vemos qué hacer». Cuando llegó, me enseñó un tatuaje de Zidane y varios jugadores, creo que queriendo validar su historia de aficionado al fútbol, y me dijo: «También tengo otro de Tyson». Todo era un delirio. Le dije: «¡¿Por qué tienes un tatuaje de Tyson?!»; y me contestó: «Es que estoy muy unido al boxeo. Yo he estado mucho tiempo al lado de Sergio Maravilla Martínez, el trece veces Campeón del Mundo. Le conocí en Madrid, cuando no tenía nada. Le ayudé con algo tan simple como dejarle mis zapatillas... y acabé en Estados Unidos haciendo toda la gira americana con él». «Pero ¿eres entrenador?», pregunté. «Que no, que no. ¡Que soy su amigo!» Yo estaba absolutamente flipado con esta historia y con lo que me contaba. Grabamos todas las locuras que nos decía. En el plató había un silencio sobrecogedor, con todos los cámaras y los técnicos escuchando a este loco.

Al acabar le dije: «Vale, Santiago, esto me lo tienes que contar bien porque no entiendo nada». Y entonces, fuera de cámara, me contó su vida. El viaje a Brasil en el que conoció el orfanato que le hizo cambiar todo. El vuelo con la cabeza apoyada en la ventanilla mientras rehacía mentalmente su vida. Ahí estuvo la génesis de lo que es hoy en día. Santiago es una persona que se ha atrevido a vivir según sus principios, que ha roto la tela de araña que la sociedad nos va creando para que nos creamos que vivimos en el lugar adecuado. Su lugar es el camino, las personas, la colaboración, la ayuda.

Parece que estoy escribiendo un personaje de ficción para una serie, pero no. Es real. Existe. Tened en cuenta esto: cuando él hace su viaje a Arabia Saudí para ver la Supercopa, en el regreso ocurrió algo. Había llegado haciendo una cadena de favores. Él iba de pueblo en pueblo con una bolsa de basura donde metía todos los plásticos, latas y demás que iba encontrando en el camino. Y cuando llegaba al siguiente pueblo, en agradecimiento, conseguía una invitación a comer o incluso a alojarse en casa de una familia. Santiago entraba en esa casa y al chaval pequeño que encontraba le enseñaba media docena de palabras en español, echaban un partido de fútbol, le decía cómo monta la guardia un zurdo, se hacía un selfi sonriendo. Contaba estas cosas en su perfil de Instagram y lo que recibía de vuelta eran mensajes y mensajes de personas que no conocía agradeciéndole que compartiese con ellos esa manera de vivir la vida. Ese viaje calentaba corazones, emocionaba a la gente. Por donde pasaba, además, dejaba plantado un árbol. Insisto: no es cine, no es una película. Es real.

Mientras regresaba de ese viaje, con el mismo ritual, el mundo echa el cierre. Pandemia. Todos a la tela de araña blindada. Calles vacías. El último día de libertad de movimientos lo aprovecha para cruzar de Turquía a Grecia en ferri. En un mundo «normal», Santiago habría cogido un avión a Madrid (de hecho, la embajada española le ofreció esa posibilidad). En su mundo, Santiago rompió ese guion. Se quedó a vivir en la montaña y acabó entrando para ayudar, y finalmente «vivir», en el campo de refugiados de Nea Kavala. Pensad bien esto: decidió vivir con la gente a la que no dejan entrar en Europa. Nea Kavala, barracones montados en una pista de aeropuerto. Ahí decidió pasar la pandemia.

Me llamó para decirme que teníamos que contar lo que estaba viendo allí y acordamos abrir un canal en YouTube. Él me enviaba vídeos y yo los editaba y los publicaba. Clases de boxeo, partidos de fútbol, clases de español. Cada día aparecía un chaval detrás de él y gritaba a su móvil: «Santiago, *good*!». Cuando volvieron a «abrir» el mundo, Santiago volvió a España y comenzó a idear lo del Mundial de Qatar y la aventura que acabó con él en la cárcel de Evin. Durante el tiempo que estuvo preso, creamos un grupo de WhatsApp entre gente que le conocíamos, su núcleo duro de amigos y algunos más. Gente absolutamente dispar, unidos por él. Y en la cárcel ocurrió lo que sabíamos que iba a pasar. Iluminó la vida de quienes estuvieron junto a él.

Santiago dice que la vida le regaló tiempo en la cárcel. Que estuvo encerrado con el bien más preciado: el tiempo. Es una persona especial. Tenéis en las manos el testimonio de un tipo que te vuela los esquemas. Si le escuchas es fácil saber por qué llega al corazón de la gente. Es tu amigo diciéndote: «Hazlo; mira, se puede». Es tu padre diciéndote: «Estoy orgulloso de ti, hijo, porque eres buena persona». Es tu madre cocinando tu plato preferido. Es la vida hablándote. Santiago, *good*. Santiago, *good*. Santiago Sánchez Cogedor. Pambu. Santi. Dale, vamos, no hablemos más. Haz café en el hornillo ese que ya amanece.

NICO ABAD,
periodista y presentador

«Emocionado, aturdido, agotado, exultante y eufórico, Santiago Sánchez Cogedor volvió a pisar suelo español tras quince meses preso en una cárcel de Irán.

Rodeado de sus padres, su hermana y un gran número de amigos, el aventurero español aterrizó en el aeropuerto Madrid Barajas en un vuelo desde Dubái, adonde llegó a su vez ayer lunes procedente de Teherán.

[...] Sánchez Cogedor permanecía detenido desde octubre de 2022 y su liberación fue anunciada el domingo en un mensaje en la red social X por la embajada de Irán en España, que situó la decisión de dejarle en libertad «en el marco de las relaciones amistosas e históricas entre ambos países y en cumplimiento de leyes».

[...] En todo momento, Sánchez Cogedor ha querido lanzar un mensaje positivo y no se ha querido centrar en los terribles momentos que ha pasado en la prisión iraní, una de las más duras del mundo y donde se practica la tortura, según Amnistía Internacional.

Su madre, Celia Cogedor, también ha atendido a los medios en el aeropuerto minutos antes de volver a abrazar a su hijo. «Se ha acabado la pesadilla», ha dicho Celia, quien ha agradecido la labor del Gobierno, del Ministerio de Exteriores, y en especial del embajador español en Teherán, Ángel Losada.

[...] A lo largo de su cautiverio, este aventurero español, acusado de espionaje, perdió algo más de quince kilos, sufrió problemas de estómago, de muelas...»

Extracto de la noticia aparecida el 2 de enero
de 2024 en el diario *El Mundo*,
firmada por Ana del Barrio

Ésta no es una historia basada en hechos reales: es una historia real.

Una historia a ratos dura, pero también maravillosa y llena de esperanza.

Una historia que viví en primera persona y que voy a tratar de explicarte con total sinceridad y fidelidad, porque así soy yo: transparente y claro.

No puedo ni quiero dejar de ser así.

Primero porque me sale del corazón. Y segundo porque ya hace tiempo que decidí que quiero vivir a mi manera, no como nos impone la sociedad, que trata de convertirnos en meros peones de un engranaje sin sentido.

Hace un mes que regresé de mi último viaje, aunque en realidad tengo la sensación de que una parte de mí está todavía lejos, en aquellas prisiones de Irán en las que he pasado quince meses encerrado.

Han sido tantas y tan intensas las emociones vividas que mi alma ha quedado dividida en pedacitos. Algunos han vuelto, pero otros se han quedado en los diferentes países por los que he viajado, especialmente en Irán. Están y estarán para siempre con algunas de las personas con las que he compartido este último período de mi vida.

De vuelta ya en Madrid, mientras trato todavía de asumir y procesar la experiencia más dura de mi vida, empiezo a escribir este libro. Lo hago como si fuera otro de mis viajes: con una idea de dónde quiero llegar, pero abierto a lo que surja en el camino.

No sé si seré capaz de transmitirte la intensidad de las experiencias vividas: todo lo que he visto, lo que me ha emocionado, lo que he compartido.

Lo que he sufrido y lo que he aprendido.

Voy a intentarlo.

Febrero de 2024

1

La trampa

El 1 de octubre de 2022 llegué a Penjwen, un pequeño pueblo en el norte de Irak, en la región del Kurdistán. Sólo una montaña me separaba de Irán, el último país que tenía que atravesar antes de llegar a mi destino final, Qatar.

Llevaba diez meses, desde que salí de Madrid en enero de ese año, viajando a pie con mi pequeño carro, donde transportaba mi tienda de campaña y las pocas pertenencias que necesitaba para vivir. Ya había aprendido en viajes anteriores que en realidad no nos hace falta gran cosa para vivir. Desde entonces me gusta viajar así, ligero de equipaje, enfocándome en lo importante, que son las experiencias y las personas que me voy encontrando por el camino.

Recuerdo que aquel día era viernes porque estaba todo cerrado, pues en Irak el viernes es festivo. Después de buscar y preguntar, conseguí comprar en una tienda pequeña algo de pollo y unos guisantes para cenar. Al salir, me encontré con varios niños que habían salido de sus casas y que me miraban divertidos mientras jugaban con un balón de fútbol.

No me extrañó: había vivido todo tipo de experiencias en los meses que llevaba viajando. A veces, cuando llegaba a un sitio, la gente del lugar ya sabía quién era e incluso me esperaba. Como iba publicando mi recorrido y mis vivencias en Instagram, y como hoy en día las redes sociales llegan a casi todas partes, muchos sabían ya que soy un gran aficionado al fútbol y que iba camino de Qatar para ver el Mundial.

Uno de los niños se puso delante de mí, pisó el balón con un pie, lo levantó y empezó a darle toques. Después de su exhibición, me lanzó la pelota y yo hice lo mismo. Luego llegaron más niños, que saltaban alegres y me chocaban la mano.

Los padres estaban en las puertas de sus casas y algunos, cuando me acerqué, me hicieron preguntas. Es increíble cómo podemos entendernos con gestos universales, aunque no compartamos idioma. En este caso, se llevaban las manos a la boca y se frotaban la tripa, que era una forma de preguntarme si quería comer con ellos.

No podía dejar pasar la experiencia. Acepté la invitación de una de aquellas familias y comí con ellos en su casa. Después, los niños del pueblo me escoltaron hasta el final del pueblo, me abrazaron y, con un gesto también universal, se llevaron la palma de la mano a la boca y me lanzaron besos.

Me adentré en la montaña por un camino polvoriento con la intención de encontrar un lugar donde acampar y pasar la noche. Al otro lado de la montaña se veía ya Irán.

Junto al camino había unas pequeñas parcelas. Elegí una de ellas y monté la tienda de campaña. Entonces se acercó una mujer, la saludé con un *salam aleikum* e, indicándole la tienda, le expliqué como pude que tenía la intención de dormir allí. No pasaron ni cinco minutos cuando llegó un hombre y le expliqué lo mismo, poniéndome las manos junto a la cabeza a modo de almohada y diciéndole: «*Camping*, amigo».

A modo de respuesta, sacó el teléfono, habló en kurdo y al rato llegaron los dueños de la finca. Pensé que tal vez no les haría gracia que un extranjero acampara en su finca y que me invitarían a buscar otro lugar. Al fin y al cabo, para ellos era alguien extraño de un lugar lejano que no hablaba su lengua y tenía un aspecto diferente al suyo. Pero, lejos de echarme de la finca, entre risas me ofrecieron ir a dormir a su casa.

Había decidido atravesar la frontera por el Kurdistán porque esta región tiene muy buena fama entre los viajeros por la hospitalidad de sus gentes, algo que pude comprobar no sólo aquel día, sino muchos otros. En realidad, había encontrado gente hospitalaria no sólo en aquella región, sino en todos los países que había recorrido hasta llegar allí: España, Francia, Italia, Albania, Grecia, Turquía e Irak. Raro era el lugar donde me recibían con mala cara.

También conocía la hospitalidad iraní de un viaje anterior, pues no era la primera vez que visitaba la zona ni el país. Había estado allí en enero de 2020 con un amigo. Después de presenciar juntos la final de la Supercopa en la ciudad de Yeda, en Arabia Saudita, decidimos hacer un poco de turismo y tomamos un avión hasta Teherán. Luego fuimos hacia el sur, hasta Bandar Abbás, durmiendo en casas de gente local muchas noches. Llegamos hasta Ormuz, una isla muy turística que está en el golfo Pérsico. Cuando regresábamos desde allí a Bandar Abbás en barco, conocimos a Alí, que nos hospedó en su casa. Era un chico agradable. Poco podía sospechar en aquel momento lo que me sucedería con él más adelante... Pero vamos por partes.

El caso es que, después de desmontar la tienda de campaña y pasar la noche en casa de aquella familia kurda tan amable, seguí mi camino hasta el paso fronterizo entre Irak e Irán. Me había costado mucho conseguir el visado para entrar en el país, pues meses antes, cuando lo tramité en la embajada iraní de Estambul, no entendían por qué hacía aquel viaje a pie. Les pareció raro y al principio me lo denegaron, pero lo pedí de nuevo vía internet y al final me lo concedieron.

Después de caminar durante horas, atravesé finalmente la frontera. Al otro lado me esperaba Alí, el chico que había conocido en mi anterior viaje. Durante los casi tres años que habían pasado desde que estuve en su casa en la isla de Ormuz, nos habíamos enviado algún que otro mensaje, igual que con muchas de las personas que iba conociendo por el camino y con las que nos intercambiábamos los números de teléfono. No era una relación, ni mucho menos una amistad, sino más bien una forma de mantener el contacto.

Cuando Alí se enteró de que iba a ir de nuevo a su país, empezó a interesarse mucho por mí y a preguntarme cosas de mi viaje. Como estaba en Turquía se puso en contacto conmigo e insistió en venir a recibirme a la frontera. La verdad es que me extrañó, pues él vivía muy lejos, a unos 1.700 kilómetros en dirección sudeste, en Bandar Abbás. Me explicó que acudiría en coche, lo cual suponía al menos dos días de viaje. Le dije que no era necesario que se diera aquella paliza por mí, que yo podía seguir avanzando y que nos podríamos encontrar más adelante.

Aun así, insistió. «No, por favor, eres mi invitado», dijo. Y yo, que por norma general siempre confío en la gente y no tenía por aquel entonces ningún indicio para sospechar de él, le dije que vale, que nos encontraríamos en la frontera.

Seguramente ése fue mi fallo. Si de algo soy «culpable» es de fiarme de todo el mundo.

Cuando nos encontramos era ya de noche. Fuimos en su coche hasta Marivan, la ciudad más cercana, todavía en la región del Kurdistán, pero ya en el lado iraní. Buscamos un hotel y pasamos allí la noche. Al día siguiente nos despertamos pronto y me dijo que tenía que ir a un taller para cambiar las pastillas de freno de su coche. Eso es al menos lo que entendí, pues él apenas hablaba inglés y yo no hablaba farsi (lo aprendí más adelante, estando en prisión). Nos apañábamos con el traductor de Google.

Mi plan era viajar a Teherán, donde tenía una cita en un hospital para disfrazarme de payaso para los niños con cáncer, igual que había hecho en Turquía en un centro de chicos con autismo. También había quedado con un periodista iraní que me quería hacer una entrevista. Después de la reparación, le di a Alí el teléfono del periodista para que concretara la cita con él. Hablaron en farsi unos minutos y arrancamos. Al cabo de un rato, me di cuenta de que no íbamos hacia Teherán. Abrí Google Maps y descubrí que estábamos yendo hacia el norte, concretamente hacia la región de Saqqez. En esa zona justamente estaba la tumba de Mahsa Amini, una joven de veintidós años a la que habían detenido por no llevar bien colocado el *hiyab* (o sea, el velo islámico) y que había muerto unas semanas antes mientras estaba bajo custodia policial. Su muerte había conmovido a medio mundo y había desatado una oleada de protestas en todo Irán, incluida aquella zona del Kurdistán iraní, de donde era originaria. Su funeral, que había derivado en una manifestación de protesta contra el régimen iraní, con decenas de mujeres quitándose el velo, cortándose el pelo y usando la fotografía de Amini como imagen de perfil en sus redes sociales, había aparecido en toda la prensa internacional.

Era, por tanto, una zona agitada y con mucho control policial. Yo no entendía por qué estábamos yendo hacia allí y se lo pregunté a Alí (conservo todas esas conversaciones en el historial del traductor de Google). Me respondió que no me preocupara, que tan sólo nos desviábamos un poco para ir a comprar unas herramientas para su padre. Me pareció extraño y discutimos durante un rato, pero estaba cansado y al final me dejé llevar.

Me sorprendió que viajara tan rápido, como si tuviera prisa por llegar, que no quisiera parar a hacer fotos y que, en cambio, sí parara en el cementerio donde estaba la tumba Mahsa Amini. Recuerdo que aparcó y salió del coche. Yo me quedé dentro, durmiendo. Al cabo de un rato regresó y me despertó: «Santiago, ven. Está aquí el hermano de Mahsa. Bájate y nos hacemos unas fotos con él», dijo. Y como nunca pienso que me pueda pasar nada, accedí a hacer lo que me proponía. Salí y nos hicimos cuatro fotos con mi móvil en la tumba de la joven. Un gran error, como luego comprobé.

Después propuso buscar un hotel, pasar allí la noche y al día siguiente salir temprano hacia Teherán. De camino al hotel, me propuso comprar un ramo de flores y entregárselo a la madre de la joven. Estaba tan mareado del viaje que me encogí de hombros y le dije que adelante. Paramos en una floristería, compramos un ramo y nos quedamos esperando en una rotonda frente al hotel, donde supuestamente habíamos quedado con el hermano y la madre.

Se presentó una hora tarde. Yo ya estaba a punto de irme al hotel. Se acercó la madre, le di el ramo, la abracé y le di el pésame. Luego nos dimos la vuelta y fuimos al coche de Alí a sacar su maleta y mi mochila. Ahí fue cuando se acercó un tipo, llamó a Alí por su nombre, vino hacia mí y me cogió la mochila. Pegué un tirón hacia atrás y me revolví. Entonces Alí me dijo: «Santiago, son policías, no te preocupes».

Nos separaron y a mí me metieron en la parte de atrás de un coche muy sucio, creo que era un Peugeot antiguo. Lo primero que vi fue un bate de béisbol de madera con el mango forrado con cinta aislante negra. Luego me vendaron los ojos, me intenté quitar el antifaz, se pusieron serios y me gritaron algo que no entendí pero que sonó amenazante.

Me quedé quieto y con los ojos tapados. Estaba en *shock*. No sabía qué estaba pasando ni por qué me detenían. Parecía que Alí me había tendido una trampa, pues había insistido mucho en hacernos una foto en la tumba Mahsa Amini y en ponerme en contacto con su familia, lo que seguramente había alertado a la policía, pero tampoco entendía por qué lo había hecho.

Estaba completamente a ciegas, en sentido figurado y en sentido literal.

Dentro del coche iba tan tenso que me costaba tragar saliva. Aunque Alí había dicho que eran policías, como no iban de uniforme, pensé que tal vez fueran en realidad terroristas o una banda organizada que me estaba secuestrando para pedir un rescate.

Las dudas se disiparon un poco cuando me sacaron del coche y me dijeron que estábamos en una comisaría de Saqqez. Era ya de noche. Me llevaron a una sala y empezaron a interrogarme en un inglés tan precario como el mío. Me informaron de que eran de los servicios de inteligencia iraníes, lo cual no contribuyó mucho a tranquilizarme.

De vez en cuando trataba de girarme porque escuchaba ruido a mi espalda y me gritaban «*Don't turn your neck!*» ('¡No gires la cabeza!'). Conseguí ver que estaban destripando mi equipaje, poniéndolo todo patas arriba. También en ese momento me quitaron el teléfono móvil.

Pensé que seguramente mirarían las fotos y mi Instagram y, al ver que no era ningún espía, me dejarían libre. Pero no fue así. Me trasladaron a una celda diminuta y húmeda, con las paredes sucias y una luz mortecina. Era tan pequeña que abriendo los brazos tocaba las dos paredes al mismo tiempo. Estaba sucia y sólo había una moqueta en el suelo, dos mantas y un vaso de plástico. Me trajeron una bandeja con algo para cenar, creo que arroz con verduras, pero no tenía hambre. El guardia, un hombre mayor con cara de buena persona, trató de animarme: «*Bojor, bojor*» ('Come, come').

Descubrí que Alí también estaba detenido en una de las celdas porque lo escuchaba rezar al fondo, pero era imposible hablar con él. No pude pegar ojo en toda la noche. Tampoco lloré: estaba totalmente alerta, tenso y a la expectativa.

Supe que había amanecido porque entró luz natural por una abertura y se reflejó en una de las paredes de la celda. También porque escuché la llamada a la oración, un sonido que, aunque en aquel momento no me lo podía ni imaginar, me despertaría todas las mañanas durante los siguientes meses.

Me trajeron un té y de nuevo me llevaron con los servicios de inteligencia, que volvieron a interrogarme en inglés. «¿Quién eres tú? ¿Qué haces aquí? ¿Por qué conoces a Alí?...» Una y otra vez me hacían las mismas preguntas, supongo que esperando a ver si me contradecía en alguna respuesta. Tuve que explicarles la historia cuarenta veces a lo largo del día.

Pasé una segunda noche en la misma celda, ya bastante cabreado, porque no me daban ninguna información ni me permitían usar mi teléfono. Pensé que mi familia podía estar preocupada, aunque por suerte les había advertido de que la comunicación desde allí podía ser difícil, entre otras cosas porque tenían bloqueadas las comunicaciones por internet.

Cuando desperté al día siguiente, 4 de octubre de 2022, pensé que ya habían tenido tiempo de inspeccionar mi móvil y de ver que yo era un simple turista, no un espía ni nada parecido. Pensé que me darían mis pertenencias y me dejarían marchar, pues estaba en el país de forma legal y no había hecho nada malo. Pero pasaban las horas y no me decían nada.

Por la tarde empezó el movimiento. Me condujeron al exterior de la comisaría, donde también estaba Alí.

Aproveché para hablar con él: «¿Esto qué es, amigo? —le dije—. ¿Me has traído aquí aposta?». En lugar de responder, se puso a llorar. Pensé que nos iban a dejar libres pero en lugar de eso nos esposaron de pies y manos, nos metieron a los dos en el asiento trasero de un coche y empezaron a conducir a toda velocidad.

Era ya de noche. El guardia que conducía el coche no paraba de fumar y de tirar las colillas por la ventanilla, y yo le decía: «Pero ¿qué haces, amigo?». Alí, a mi lado, no paraba de llorar. Sus lágrimas se derramaban sobre mi brazo, que iba esposado al suyo. De vez en cuando me decía: «*Why don't you cry, Santiago?*» ('¿Por qué no lloras, Santiago?'). Y yo le respondía: «Pero ¿por qué tengo que llorar?». El hecho de que a él también lo llevaran preso me suscitó algunas dudas. Se me ocurrió que quizás me había tendido una trampa en la que él mismo también había caído.

No sé exactamente lo que duró el viaje, pero debieron de ser unas tres horas. Finalmente, llegamos a un edificio de aspecto siniestro en medio de la noche. Como supe luego, era un centro de detención de máxima seguridad en la ciudad de Sanandaj, capital del Kurdistán iraní.

Empezaba allí un calvario. Un infierno que duró quince eternos meses.

2

¿Cómo diablos he llegado hasta aquí?

¿Cómo puede un viaje truncarse de forma inesperada y llevarte a vivir la experiencia más dura, intensa y a la vez enriquecedora de tu vida?

¿Cómo un simple y normal español aficionado al fútbol, sin afiliación política ni adscripción religiosa de ningún tipo, puede acabar de un día para otro en una prisión iraní de máxima seguridad?

Éstas y otras preguntas siguen rondándome por la cabeza, un mes largo después de regresar a España. A estas alturas, sigo sin tener todas las respuestas. Lo único que puedo hacer es lo que estoy haciendo: explicarte cómo llegué hasta allí, lo que me pasó y lo que viví.

Tal vez te preguntes qué diablos hacía un tipo normal como yo en Irán. Es una larga historia, pero intentaré resumirla.

A ver, ¿por dónde empiezo?

Quizás lo mejor sea empezar por el principio del principio, o sea, por presentarme. Me llamo Santiago, aunque algunos me llaman Santi y otros, los más cercanos, Pambu, que es como me llamaba mi hermana mayor cuando empezó a hablar. Soy una persona normal, o al menos eso creo, un español más, muy aficionado al fútbol y al deporte en general. Nací en 1981 en el Hospital La Paz de Madrid y crecí en Alcalá de Henares, una ciudad al nordeste de la capital, donde he vivido toda mi vida.

Mi madre es enfermera y mi padre delineante, ella de un pueblo chiquitito de La Alcarria, provincia de Guadalajara, y él, de Santander. Mi madre, Celia, tuvo una vida muy dura. Perdió a varios familiares, se crio sola y tuvo que emigrar a Francia para sacarse la carrera de Enfermería. Mi padre, Santiago como yo, y cuyo nombre he heredado, es hijo único, también estudió mucho para sacarse la carrera. Se conocieron en Madrid y se casaron. Luego nació mi hermana y, un año más tarde, yo.

Hacia los trece o catorce años conocí la droga y tuve una adolescencia complicada. Mis padres, muy preocupados, como es lógico, me llevaron a psicólogos y psiquiatras, que me recetaban pastillas que luego no me tomaba o que me tomaba y acababa vomitando.

Hablando de mis padres... Hay algo que me gustaría contar. Tal vez te sorprenda o te resulte un poco complicado de entender, pero es importante para mí explicarlo, porque sin eso es imposible que sepas quién soy y de dónde vengo.

El tema es que yo tengo dos familias, cada una de ellas con unos padres y unos hermanos. Ya te he mencionado la primera. ¿Y la segunda? Pues te cuento. Durante esa adolescencia complicada de la que te hablaba, la vida me llevó a tener mucho trato con una familia de mi propio barrio, que de alguna forma me acogió. No tengo con ellos lazos de sangre ni llevo sus apellidos, pero la considero a todos los efectos mi familia. Los conocía de toda la vida, pues el barrio de Alcalá de Henares donde crecí no es muy grande.

La madre, Ana, me acogía en su casa y me trataba muy bien, y yo, para corresponderle, empecé a encargarme de tareas de la casa, como ir a comprar o recoger a la salida del colegio a sus hijos, Paquito y Dani, más pequeños que yo y a los que considero mis hermanos cien por cien (lo tengo tan claro que si alguien me lo cuestiona me enfado). Se creó tal relación de confianza que incluso tenía en su piso unas zapatillas de estar por casa.

La vida me dio un zarpazo importante el 11 de marzo de 2004, cuando tenía veintidós años: Jorge, mi mejor amigo de entonces, murió en los famosos atentados de Madrid. Jorge era un buen chaval al que le gustaba estudiar. Estaba en los Salesianos y siempre me decía, para encauzarme y que me metiera a estudiar: «Joder, Pambu, vente conmigo a los Salesianos, que te presento a los profesores y verás cómo te gusta». Pero yo nunca quería.

También me lo dijo aquel 10 de marzo, miércoles, después de ver juntos el partido del Madrid. «Vente mañana», me dijo. «Y si el problema es madrugar, vamos más tarde, a las nueve.» Yo le puse alguna excusa, no recuerdo cuál. El caso es que murió en la explosión de las 7.38 horas de la estación de Santa Eugenia. Por eso ese partido en particular dejó en mí una gran huella. Cada vez que el Madrid marcaba un gol o celebraba una victoria, un recuerdo vívido de mi amigo surgía en mi mente. Era imposible no asociar esos momentos con la última vez que lo vi, compartiendo nuestra pasión por el equipo. Estos instantes, aunque agridulces, me ayudaban a sentirlo cerca, como si, de alguna manera, él aún estuviera celebrando conmigo cada logro.

Cuando mi amigo murió, lo enterraron con la camiseta de Zidane, quien justamente metió el último gol que había podido disfrutar días antes, y eso realmente me conmovió. En señal de agradecimiento y para recordar los buenos momentos, me hice un tatuaje de Zidane. Cada vez que veo el tatuaje, no sólo pienso en mi jugador favorito, sino también en mi amigo.

Me sentí muy culpable, porque si hubiera aceptado ir con él a las nueve, no habría muerto. Lo pasé muy mal. Incluso me intenté suicidar: escribí una carta de despedida a mi familia, me fui a Valencia con el coche y me tomé cuarenta pastillas. Por suerte, llegaron a tiempo, me hicieron una limpieza de estómago y, aunque pasé un tiempo en coma, me salvé.

En aquella época me inicié en el boxeo. Me apunté a un gimnasio y ahí estaba Sergio Gabriel Martínez, más conocido como Maravilla Martínez, un campeón del mundo argentino afincando en España. El boxeo me sacó del pozo de la droga y me enderezó la vida. También me ayudó el fútbol. Con el hermano de Jorge y con otros amigos creamos un equipo al que bautizamos como Jorge R. C., en honor a mi amigo. Jugamos una liga de fútbol siete y la ganamos.

En el fútbol empecé a conocer a otro tipo de personas, gente sana que no fumaba ni bebía. Empecé a viajar con ellos para ver partidos del Real Madrid. Con esa excusa visité un montón de países, desde Japón a los Emiratos Árabes, pasando por Chipre o Marruecos, entre muchos otros. También viajé mucho para ver los combates de Maravilla Martínez, sobre todo a Estados Unidos. En total visité unos cuarenta países.

En uno de esos viajes conocí a Coque, un amigo en común con Sergio Martínez. Trabajé en un bar de su propiedad y en otras empresas, pues mi familia no era rica y tenía que costearme mis viajes. Finalmente, con treinta y tantos, entré a trabajar en una empresa de logística.

Pasé de estar muy perdido a ser un trabajador fiable, eficaz, superpuntual, responsable..., valores que aprendí en gran parte gracias al boxeo. Mis jefes me adoraban y estaba a gusto. Me costaba ahorrar, pero me encantaban los viajes y me motivaban mucho.

En 2018, cuando ya llevaba cuatro años en la empresa, cuyo cliente principal era Mahou, empecé a sentir que estaba estancado y que tenía que hacer algo diferente. Veía muchos vídeos de cicloviajeros y sentía dentro de mí una voz que me animaba a hacer algo parecido.

A finales de 2018 decidí irme a Brasil, concretamente a Río de Janeiro. Un día, mi jefe me dijo: «Oye, te vamos a hacer fijo, estamos muy contentos contigo». Y yo le respondí: «Perdona, pero me voy de viaje». «¡¿Cómo?!» «Me voy a Sudamérica con una mochila, he pillado sólo el vuelo de ida y no sé cuándo volveré.»

Animado por un amigo mío que también viajaba a Sudamérica, Miguel, tomé el vuelo y llegué a Río de Janeiro, donde nos encontramos. Allí trabajé de voluntario en un orfanato —en mis viajes siempre trato de ayudar, como te explicaré más adelante— y vi cosas que me cambiaron la vida. En realidad, yo seguía roto por dentro y quería ayudar para sanar mis heridas emocionales. Y me encontré con cosas que me transformaron. Había niños con trece hermanos a los que se les había muerto el padre y a los que la madre había abandonado. Jugábamos a fútbol, ellos descalzos, pero con una sonrisa en la boca.

Después recorrí Sudamérica con una mochila, haciendo autostop y durmiendo en casas de familias locales, estaciones de bomberos, gasolineras... En esa época descubrí una aplicación de móvil que se llama Couchsurfing Travel, a la que se apunta gente que ofrece una cama o un sofá a viajeros como yo sin cobrar nada, por pura hospitalidad. Eso me permitió conocer a muchas familias que me abrieron las puertas de su casa. Yo también estoy apuntado y en mi piso de Alcalá de Henares siempre hay dos juegos de llaves: el mío y uno para los viajeros que contactan conmigo a través de la aplicación. En mi casa han dormido ya más de cien personas de cuarenta países diferentes. Como ves, es una cadena de favores, algo en lo que creo firmemente y que desde entonces se convirtió para mí en toda una filosofía de vida.

Crucé la cordillera de los Andes en la camioneta de una familia de Venezuela que estaba huyendo de su país, llegué a Chile, bajé hasta Ushuaia, subí luego hacia el norte y acabé mi viaje en Colombia, donde estuve cocinando como voluntario en una fundación y repartiendo comida en las comunas de Medellín a personas sin hogar.

La aventura duró en total unos tres meses. En el vuelo de regreso, con mi mente todavía en las nubes y mi corazón tocado, con mis heridas en buena parte sanadas (o eso creía) y mis ganas de ver mundo intactas, empecé a soñar con hacer un viaje todavía más especial.

Soñé con hacer algo grande, algo diferente, que impactara en la vida de los demás.

En realidad, así empezó todo: con un sueño.

Soñé con salir y ver el mundo.

Que no me lo contaran ni verlo en la tele.

Poder decir: «Allí estuve yo».

A la vuelta de Sudamérica, retomé mi antiguo trabajo en Mahou. Mi jefe me hizo un hueco y me volvió a contratar, cosa que le agradecí en su momento y que le vuelvo a agradecer desde aquí. También me pidió que diera una charla a mis compañeros para contarles la aventura. Eso sí, como me veía con tanto entusiasmo, medio en broma medio en serio me advirtió: «Pero tampoco los animes mucho, no vaya a ser que alguno se me vaya». Y es que mi energía en aquel momento era brutal. Era como una bola de nieve bajando por una montaña.

Por esas fechas, a mediados de 2019, empecé a concebir mi segundo gran viaje. Explicarlo daría para un libro entero, pero sólo te haré un pequeño resumen para no desviarme del tema principal de éste, que es, tal como reza el título, cómo superé los quince meses que pasé entre rejas en diferentes centros de detención de Irán, la mayor parte de ellos en una de las prisiones más peligrosas del país, la de Evin.

Ese segundo viaje tiene una anécdota inicial divertida. Resulta que empecé a explicar mi idea por ahí, que consistía en ir en bicicleta desde Madrid hasta Arabia Saudita para ver la Supercopa de España, que se disputaba en aquel país en enero de 2020. El proyecto llegó a oídos de bastante gente y la cadena Cuatro me hizo una entrevista. Ahí di algunos detalles: que saldría a mediados de septiembre de 2019 y que, antes de llegar a Arabia Saudita, recorrería una veintena de países en bicicleta durante cuatro meses e iría haciendo en cada lugar en el que parara algún tipo de labor humanitaria. Al acabar, ya fuera de cámara, le confesé al presentador, Nico Abad, hoy día un buen amigo, algo que me daba vergüenza decir en público: que no tenía bicicleta. A través de mi amigo Pablo Navascués, la anécdota llegó a oídos de Dani Martín, el vocalista de El Canto del Loco, que me ofreció su propia bicicleta para el viaje. Y no sólo eso: se ofreció para venir como voluntario a uno de los orfanatos con los que yo había contactado y darle un concierto a los niños.

Así que volví a dejar mi trabajo en Mahou y me embarqué en una nueva aventura. Al poco de salir, cuando iba por Portbou, en la frontera con Francia, llamé a mi hermano Paquito para preguntarle por mi segunda madre, Ana, que estaba malita. Entonces me contó que tenía cáncer. Fumaba mucho y tenía cáncer de pulmón, según me dijo.

Aquel mismo día, desde la tienda de campaña, hice una videollamada con ella. Le dije: «Me he enterado de que tienes cáncer, así que mañana cojo mis cosas y me vuelvo a Alcalá». Y su respuesta, que todavía me emociona cuando la recuerdo fue ésta: «Mira, Santiago, tú tienes que continuar con tu viaje, por ti y porque eres mi medicina. Me hecho un perfil de Instagram por ti y lo abro todos los días para ver tus historias. Me alegras el día. Por favor, sigue con tu misión y con tu propósito de vida. Sigue, sigue y sigue. Visita hospitales, disfrázate de payaso, regala sonrisas, sácale sonrisas a los niños».

Así que seguí. Y ella luchó como pudo, pero apenas unos meses después, concretamente la Noche de Reyes de 2020, el cáncer empeoró y se la llevó. Cuando recibí la noticia yo me encontraba en Amán, la capital de Jordania, dispuesto a pasar el día en un orfanato para repartir juguetes a los niños gracias a la ayuda de los patrocinadores y de amigos que confiaron en mí y me ayudaron económicamente en aquel proyecto. Por desgracia, no me pude despedir de ella.

Recorrí más de veinte países de Europa y Oriente Medio en cuatro meses. Conocí familias de diferentes lugares y culturas, de las que aprendí que todos somos muy parecidos y en el fondo queremos lo mismo: un abrazo, una vida digna y un poco de esperanza. En cada lugar al que llegaba hacía labores humanitarias, como recoger plásticos o plantar árboles, y recibía la generosidad de la gente, que me acogían en sus casas y me invitaban a comer y a dormir.

Llegué a Arabia Saudita, tal como estaba previsto, cuatro meses después, a mediados de enero de 2020. Estaba más que feliz. Este post que publiqué en Instagram el 14 de enero describe perfectamente cómo me sentía:

Hoy hace cuatro meses que dejé todo para perseguir un sueño, ir a ver a mi equipo de fútbol en bicicleta, regalando sonrisas, colaborando y sintiendo el calor de todos los grandes seres humanos que encontraba en el camino.

En mi recorrido iba conociendo personas que, sin conocerme de nada y al enterarse de mi historia, me abrían sus puertas como si fuera de la familia. Incluso me han hecho copias de las llaves de sus casas y me han dejado dormir en sus camas. Yo quería demostrar que en el mundo hay gente buena, que cuando llueve todos nos mojamos y todos sentimos frío... Echando la vista atrás, sólo tengo el corazón y el alma llenos de paz, felicidad y alegría.

Seguid vuestro corazón, él jamás se equivoca, y ayudad cada día, porque todo vuelve multiplicado. El planeta está lleno de increíbles seres humanos, no lo olvidéis. Los buenos somos más.

Gracias por cada mensaje de apoyo y ánimo, por cada café y agua pagados por desconocidos. Recuerdo cada sonrisa, cada primer saludo, y todos los duros abrazos de despedida. Estáis en mi mente para siempre. Nada es imposible. Salid y empezad a moveos en cualquier proyecto, la vida os pondrá en el camino lo necesario. ¡¡¡Visualiza y tu poder lo atraerá hacia ti!!!

GRACIAS a todos los colaboradores, conocidos y anónimos, no me olvido de ninguno.

He perdido peso, dinero, pelo, piel... ¡¡¡pero he llegado!!!

Desde que salí hasta que terminé mi aventura, dos estrellas más brillan en el cielo. Os tengo en el corazón, algún día nos veremos. Hasta ese momento, les demostraré el poder de la sonrisa de un chico en bicicleta que sólo quiere vivir la vida que se propuso. ¡¡¡Sed felices, no tengáis miedo, es vuestra vida!!!

VIVA LA VIDA

En Arabia Saudita no sólo pude ver la final de la Supercopa, donde ganó mi equipo, sino que además cumplí otro sueño: conocer en persona a varios jugadores y miembros de la directiva. Me recibieron, en el hotel donde estaban alojados, Emilio Butragueño, Modrić, Marcelo, Carvajal y Sergio Ramos, que por entonces era el capitán del equipo y que me regaló una camiseta con mi nombre.

Estaban alucinados de que hubiera ido hasta allí en bicicleta para verlos. Les parecía la mayor locura que había hecho nunca un aficionado. También me preguntaron por el viaje. A Modrić le expliqué que había estado en orfanatos de su país, Croacia, y a Marcelo que también había visitado el suyo, Brasil, donde también había trabajado como voluntario en un orfanato de una favela.

La verdad es que para mí fue todo un sueño poder estar con ellos como si fuéramos amigos de toda la vida, bromeando y charlando de un montón de cosas. Tuvimos tan buen rollo que hacia el final, cuando ya nos despedíamos, me preguntaron cómo tenía pensado volver. Dando por supuesto que cogería un vuelo, me ofrecieron hacerme un hueco para ir con ellos en su avión. Era tentador, pero al final les dije que no, que mi intención era hacer el viaje de vuelta a España como el de ida: en bici, poco a poco, pisando el terreno, conociendo nuevas personas y nuevos lugares, viviendo cada instante y ayudando allí donde pudiera aportar algo. El viaje de ida me había llenado tanto que me apetecía volver de la misma manera.

Lo que no podía sospechar es que la vuelta iba a ser tan accidentada. El confinamiento de la primavera de 2020 me pilló en Turquía, pero decidí pasar a Grecia y acabé en el campo de refugiados de Nea Kavala, en Polikastro. Allí viví cinco meses de mi vida con personas que lo habían perdido todo, algunos incluso una mano, una pierna o el oído a causa de una bomba. Hubo momentos duros —por ejemplo, había peleas cada día dentro del campo por cualquier cosa—, pero me quedé con un mensaje de esperanza: a pesar de las dificultades, en el mundo hay personas maravillosas que ponen una sonrisa en su cara y dan gracias a Dios por tener un día más de vida y la oportunidad de luchar por un futuro mejor.

En Nea Kavala aprendí muchas cosas. Aprendí a vivir con poco y a no señalar a nadie por tener más o menos cosas. No hay que olvidar que cuando señalamos a alguien con el índice, tres dedos de la mano apuntan hacia nosotros mismos. Si hay que señalar, que sea con el pulgar al cielo para dar gracias por lo que tenemos, aunque sólo sea salud y piernas para poder caminar y ver el mundo en el que vivimos.

También desaprendí cosas. Por ejemplo, que la felicidad no es tener o acumular cosas materiales. La felicidad son momentos, y si son buenos valen doble: cuando los vives y cuando los compartes. Por eso he decidido compartir estar historia, mi historia. Contigo y con otros miles de personas.

Ese segundo viaje me sirvió para tener clara una cosa: que no hay que viajar para escapar de la vida, sino para que la vida no se te escape. Al menos así es en mi caso: viajo para sentir que estoy vivo y que mi vida tiene sentido.

Cuando regresé a España, en octubre de 2020, yo era ya otra persona. No podía ni quería dejar de viajar y empecé a pensar en nuevos proyectos. El problema fue que estábamos todavía en plena pandemia y era difícil entrar a algunos países. Pero cuando pasó lo más gordo del coronavirus, empecé a pensar en un nuevo reto. Me enteré de que el siguiente Mundial de Fútbol se disputaría en Qatar en diciembre de 2022 y mi imaginación empezó a volar. Ya me veía recorriendo de nuevo la misma ruta que en mi segundo viaje, visitando a las familias que había conocido y regando los árboles que había plantado por el camino.

La idea, esta vez, era ir caminando en lugar de en bicicleta. Ideé un pequeño carro con ruedas para cargar el equipaje y un arnés que llevaría ceñido a la cintura para arrastrarlo cómodamente. Aquello me permitiría transportar no sólo mi ropa y algunos objetos que iría regalando a lo largo del viaje (material escolar, camisetas...), sino también la tienda de campaña y los enseres mínimos para sobrevivir en cualquier lugar.

Empecé a buscar patrocinadores. Después del segundo viaje ya había bastante gente que confiaba y creía en mí. Incluso mi empresa, Mahou, decidió apoyarme. El objetivo esta vez era ir desde Madrid hasta Qatar para apoyar a la selección española de fútbol, aunque en realidad se trataba de una excusa: mi intención era llevar ayuda allí donde pudiera. Ayuda de muchas personas e instituciones que, al conocer mis viajes, decidieron ayudarme a ayudar.

Cuando les presentaba el proyecto, la gente me hacía sobre todo dos preguntas. La primera: ¿no tienes miedo? La segunda: ¿has pensado qué harás cuando regreses? La respuesta a la primera cuestión era «no». Lo único que me daba y me da miedo es no tener miedo.

La respuesta a la segunda era también «no». No siempre podemos prever lo que pasará, como bien nos demostró la pandemia. Lo único que podemos hacer es vivir de acuerdo a nuestros principios y nuestros sueños. Cuando haces esto, al final siempre encuentras un camino.

A veces, en la vida, nos movemos por inercia, y un buen día sentimos que nos falta el aire, que nos ahogamos en la realidad. Una realidad que nos resulta ajena. La rutina nos aprieta el pecho y sentimos que la angustia puede con nosotros. Entonces nos dejamos llevar por un impulso, aunque el horizonte no sea claro. Aunque nos dé vértigo. Porque ese vértigo es mejor que los días grises, todos iguales unos a otros.

Con esto quiero decir que sí, que tenía miedo, y que no, que no sabía lo que me depararía el futuro cuando volviera, pero la única forma de salir de aquel desasosiego, de aquella rutina que me comía, era viajar.

Aquel viaje tenía para mí una misión doble. Por un lado, demostrar que se puede vivir más despacio, que todos tenemos la opción de hacer un paréntesis en nuestra vida y meternos a nosotros mismos dentro. Por otro, regalar y compartir mi tiempo, haciendo paradas en orfanatos, escuelas, hospitales, etcétera. Llevando sonrisas y, con la ayuda de los patrocinadores, haciendo buenas acciones, como recoger residuos o plantar árboles.

Con estos objetivos me puse en marcha a mediados de enero de 2022. Durante mis primeras etapas dediqué mucho tiempo y energía a recoger plásticos, latas y botellas que encontraba a lo largo de los senderos. Cuando llegaba a algún pueblo, siempre encontraba alguien que a cambio me daba un plato de comida. Mucha gente, incluidas familias con niños pequeños, me invitaban a dormir en sus casas e incluso me daban unas llaves para que me sintiera como uno más.

El viaje es como una vida concentrada: conoces a alguien, lo tratas durante unas horas o un par de días y parece que lo conoces de toda la vida. Compartes cosas personales, profundas, hasta íntimas. Y luego, cuando te despides para seguir tu camino, hay abrazos y tristeza por los amigos que dejas atrás —porque sí, ya los consideras amigos—, aunque también alegría e ilusión por lo que te deparará la siguiente etapa.

En mi trayecto por España conocí gente maravillosa, y no fue diferente en Francia ni en Italia ni en Albania ni en Grecia ni en Turquía ni en Irak. En todas partes hay personas con ganas de charlar, de escucharte y de compartir sus vivencias. ¿Hay mucha diferencia entre occidentales y orientales? ¡Qué va! Eso son sólo convenciones. La realidad es que en todas partes tenemos las mismas inquietudes, las mismas incertidumbres y los mismos miedos, pero también la misma generosidad, los mismos anhelos y las mismas ganas de vivir. Quizás la diferencia más importante es que en Oriente Medio aceptan la muerte con más naturalidad que en Europa. Aquí nos pasamos la vida esquivándola.

Recorrí caminando largas distancias, pero en realidad eso no es lo importante, porque yo ya no mido los viajes en kilómetros, sino en corazones a los que consigo llegar. Y fueron muchos, te lo aseguro. De hecho, hay algunos que siguen estando conmigo, igual que pedacitos del mío se quedaron esparcidos por el camino.

Podría dedicar todo el libro a explicar lo que viví durante los siguientes meses, desde que salí de Madrid el 10 de enero de 2022: el reencuentro con las familias a las que volví a visitar, las personas nuevas que conocí, las buenas obras con las que traté de sumar... Pero en realidad ya he escrito sobre eso: todo está en mi perfil de Instagram, que te animo a visitar si tienes curiosidad (@santiago_sanchez_cogedor).

Lo que no he explicado todavía es lo que pasó después del 2 de octubre de 2022, el día en que me detuvieron y me encarcelaron.

El día en que empezó mi infierno.

3

Sin noticias del exterior

Al principio pensé que era una broma porque yo, por supuesto, no había hecho nada malo. Al contrario: allí donde llegaba, mi única intención era hacer el bien.

Por eso, durante los primeros días de reclusión todavía miraba a mi alrededor y pensaba: «¿Dónde está la cámara?».

Pero no. No era ninguna broma ni había ninguna cámara.

Después de dos días de interrogatorios en la comisaría de Saqqez, me trasladaron con Alí al centro de detención de Sanandaj, la capital del Kurdistán iraní. Eso lo supe luego, claro, igual que supe que los que nos habían detenido, interrogado y trasladado eran agentes del servicio de inteligencia iraní, el SAVAK.

Cuando llegué, atado de pies y manos y mareado por un viaje en coche de tres horas a toda velocidad, no sabía todavía adónde me habían llevado y, por supuesto, no podía ni imaginarme que me tendrían en aquella prisión cuarenta y dos días. No entendía qué estaba pasando y me seguía preguntando por qué habían detenido también a Alí. No sabía si lo habían sobornado o si, llevado por su juventud, había cometido una imprudencia o un error.

Entramos en la prisión y nos dejaron con un guardia. No sabía farsi, pero lo saludé con el preceptivo *salam* y una sonrisa, con la esperanza todavía de que entendiera que yo era una buena persona y que aquello era un error. El guardia, impasible, nos ordenó que nos quitáramos toda la ropa y nos dio un traje azul, un cepillo de dientes, un tubo de pasta, un vaso de plástico y una toalla. Luego, camino del calabozo, nos hizo coger tres mantas de un montón. Estaban llenas de pelos y de roña.

Nos condujo a la celda y nos hizo dejar las chanclas en la entrada. Previamente me habían quitado mis zapatillas de cordones y me habían dado unas chanclas sencillas, de esas típicas de playa, que en mi caso eran al menos dos números más pequeñas de lo que me correspondería, por lo que iba tocando el suelo con los talones.

La habitación era un cuadrado con un pequeño muro y detrás un agujero con un grifo. Eso era el retrete. No había papel, tenías que limpiarte con la mano. En el suelo había una regadera que servía para ducharse. La tenías que llenar de agua y echártela por encima cuando querías lavarte. Ésas eran las condiciones del lugar.

Gracias a Dios, como he explicado antes, yo había dicho a mi familia que quizás estaríamos unos días incomunicados. Al menos les evité ese estrés inicial, aunque no pude evitarles el que vino más tarde. Sin embargo, ya hacía tres días que no teníamos contacto, desde que entré en Irán, por lo que pensé en pedirle al guardia que me dejaran llamarlos. Después de pensarlo, al final, decidí esperar. Estaba convencido de que todo se iba a solucionar de un momento a otro y así les evitaba el disgusto de saber que estaba detenido.

Después de entrar en la celda, Alí se sentó en el suelo, dejó caer sus cosas, se puso de rodillas y empezó a llorar. Me acerqué, le abracé y le dije: «No llores, no pasa nada, todo está bien». Y él respondió en inglés: «Lo siento, Santiago, lo siento». Aunque le pregunté qué había pasado, no pude sacarle nada más. Estaba muerto de miedo.

Era tarde y me tumbé en el suelo. No había camas, sólo una alfombra en el suelo, así que me acomodé como pude con las mantas en una esquina y traté de dormir un rato. No fue fácil, porque la luz, una luz led muy potente, seguía encendida y no teníamos manera de apagarla. Luego descubrí que dejaban las luces encendidas las veinticuatro horas. Me pareció que era una forma de torturarnos. Tenía que taparme los ojos con los calzoncillos o con el brazo para poder conciliar el sueño, era incomodísimo.

A las cinco de la mañana sonó por los altavoces de la prisión la llamada a la oración, a todo volumen, y me desperté asustado. Alí, como estaba acostumbrado, no le dio importancia. Nos dieron un poco de té y un trozo de pan para desayunar. Para que te dieran té tenías que sacar el brazo por una rendija que había en la parte de abajo de la puerta.

Al rato vino un guardia, abrió la puerta y le dijo algo a Alí, que se levantó y fue hacia él. El guardia volvió a decirle algo, esta vez en un tono como de orden, y Alí se giró y recogió rápidamente sus cosas. Luego me miró, me dio un beso en la frente y salió con el guardia.

Entonces tomé plena consciencia de la situación. Estaba encerrado en un centro de detención de máxima seguridad en el Kurdistán iraní, retenido sin ninguna explicación, y nadie, ni mi familia ni mis amigos ni ningún otro conocido, sabía que estaba allí.

Ese mismo día me cambiaron de celda. Cogí mis escasas pertenencias, me vendaron los ojos y me condujeron por unos pasillos fríos y caóticos. Lo único que veía, por la parte de abajo de la venda, eran puertas de otras celdas con chanclas delante, de lo que deduje que allí había bastante gente en la misma situación que yo.

La celda a la que me llevaron era mucho más pequeña que la anterior, con el techo descascarillado y la bombilla desnuda. Sentí mucho agobio al quitarme las chanclas, darle la venda al guardia y entrar. Dentro había un Corán y una de esas piedrecitas de barro prensado con las que rezan los musulmanes, además de unas mantas. Me acomodé en ellas y esperé.

Lo peor de todo era el silencio y no saber qué pasaría, por eso, cuando al cabo de un rato escuché pasos y ruido en la puerta pensé: «Joder, qué bien». Porque aquello era al menos una señal, para bien o para mal. Abrieron la puerta y metieron a un tipo igual de alto que yo, quizás un poco más. Lo saludé con un *salam aleikum* y él me preguntó en inglés de dónde era: «*Hello, where are you from?*». Y de pronto me entraron unos nervios, un desasosiego tan grande que me puse de rodillas y, con gestos y mi precario inglés, le empecé a contar que era un turista y que no entendía qué hacía allí. Él trató de calmarme y empezamos a hablar.

Al principio tenía alguna reserva, porque me pareció extraño que me pusieran en la misma celda a un iraní que hablaba inglés. Pero estaba tan agobiado que enseguida me solté y empecé a contarle mi vida y el viaje que me había llevado hasta allí, incluso con algunas anécdotas. Cuando acabé, me dijo: «No te preocupes, esto es cuestión de días. Los servicios de inteligencia mirarán tus cosas y te soltarán».

También me contó que aquel día nos tocaba salir al patio, lo cual me ilusionó mucho, porque llevaba no sabía ni cuánto tiempo sin ver prácticamente la luz del sol. Pensé en que sería agradable poder ver el cielo y encontrarme con otras personas. Cuando llegó el momento, nos sacaron con los ojos vendados y, al quitarnos la venda, resultó que el patio tenía apenas cuatro pasos por cuatro pasos y que estaba vacío a excepción de una silla de plástico. Lo único que podías hacer allí era caminar, abrir los brazos y respirar un poco de aire puro, pero era tan pequeño que daba casi más sensación de agobio que la celda.

No sé exactamente los días que pasé así, porque llegó un momento en que perdí la noción del tiempo. Creo que fueron cuatro o cinco días. La única novedad era que de vez en cuando los agentes del servicio de inteligencia me sacaban y me llevaban a una sala para interrogarme y preguntarme una y otra vez las mismas cosas. Lo único bueno era que me daban un vaso de agua, lo cual era un lujo, teniendo en cuenta que bebíamos de una canaleta de la que salía medio caliente y con un sabor horroroso. Disfrutaba aquel vaso de agua como si hubiera estado diez días sin beber.

Mi compañero me explicó que se llamaba Wahid, que era periodista y que estaba allí por unas fotos que había hecho. Cada día me repetía que no me preocupara, que saldría pronto. Pero cada vez me costaba más creerle.

Wahid me iba enseñando palabras persas y en pocos días mejoré bastante. Yo, por mi parte, le daba algunas clases de boxeo y le contaba cosas de mi vida. Le hice aprenderse mi Instagram y le di el nombre de un amigo mío por si salía antes que yo.

Hicimos muy buenas migas. Él me explicó que estábamos en la ciudad de Sanandaj y me indicó la distancia que nos separaba de Marivan, que estaba más al sur. Eso me servía para ubicarme, porque todavía confiaba en salir enseguida y quería saber dónde tenía que ir a continuación. En realidad, seguía creyendo que podría llegar a Qatar para ver el Mundial.

La compañía de Wahid fue lo único agradable de aquellos días. Al menos no estaba solo y podía hablar con alguien. Por eso, cuando al cabo de unos días se lo llevaron y volvieron a dejarme solo en la celda, me pareció otra vuelta más de tuerca a la tortura a la que me estaban sometiendo.

Wahid me había explicado: «Santiago, si abren la celda y te dicen *via*, no te vas, pero en el momento en que te digan *boro*, significa que se acabó, que te vas». Pero al que le dijeron *boro* fue a él. Se incorporó de un salto y empezó a exclamar «Ay, ay, Santiago». Me empezó a latir el corazón y pensé: «Joder, ahora estaré solo».

Wahid lo recogió todo en menos de tres segundos y nos despedimos. Cuando el guardia le iba a poner el antifaz, le pidió permiso para despedirse de mí. Se dio la vuelta, me dio un abrazo y me dijo: «*Be strong*, Santiago». Mantente fuerte.

Luego se cerró la puerta, escuché un cerrojazo y me quedé solo.

Unas horas después de llevarse a Wahid, me sacaron de la celda y me bajaron a una sala subterránea con las paredes acolchadas, supuse que para insonorizarla. Allí me hicieron grabar un vídeo en inglés diciendo mi nombre y explicando una vez más qué hacía allí. Desesperado, les pregunté: «Pero ¿qué queréis de mí? ¿Por qué no me dejáis libre?». Les rogaba que no me volvieran a meter en la celda y que dejaran de torturarme. «No es nuestra intención torturarte», me decían, pero la realidad es que aquello era una verdadera tortura.

Así que me hicieron grabar un vídeo. Me incitaron a hablar y explicar cosas y, en una de ésas, dije «*I'm not a terrorist*», y al momento me arrepentí, porque pensé que podían montar el vídeo, eliminar el «*not*» y utilizarlo en mi contra, como si fuera una confesión. Así me funcionaba la mente: empezaba a estar bastante paranoico.

Pasaban los días y no me dejaban tener ningún contacto con el exterior. Pensé en pedirles que me dejaran enviar dinero a mi familia y poner Sanandaj en algún lugar para que al menos supieran que estaba vivo y en qué ciudad me encontraba. Pero por supuesto no me dejaron.

Sufría por ellos, porque imaginaba que debían de estar muy preocupados. Iban pasando los días y seguían sin noticias mías. Estuvieron más de veinte días sin saber nada de mí.

Los días posteriores a la marcha de Wahid fueron duros. No estamos acostumbrados en la sociedad actual a convivir con el silencio y la soledad. Tuve que aprender a la fuerza a mirar cara a cara al silencio y a convivir con mi sombra. A ratos me invadía un mejunje de sentimientos y de sensaciones que no sabía cómo gestionar: tristeza, miedo, dolor, añoranza, inquietud, rabia, impotencia, desesperación... Intentaba hacer algo de deporte en aquel minúsculo patio y mantenerme fuerte, pero a veces la mente me jugaba malas pasadas y pensaba que no podía más, que no aguantaba ni un segundo más encerrado.

A veces lloraba y moqueaba, con la boca arrugada hacia abajo como un niño enfurruñado. Otras, sacaba la rabia y daba un golpe en la pared o en la manta, porque estaba prohibido dar golpes en las puertas y los guardias se cabreaban cuando alguien lo hacía.

Y, por supuesto, no paraba de hacerme preguntas que no podía responder: ¿qué cojones hago aquí? ¿Por qué me hacen esto? ¿Qué he hecho? ¿Cuándo me van a soltar?

Como las luces estaban todo el tiempo encendidas, era difícil calcular el paso del tiempo. Creo que pasaron dos o tres días más desde que se fue Wahid hasta que llegó un nuevo compañero de celda, Umit. Fueron unos días muy malos. Los servicios de inteligencia ya no me molestaban tanto, lo cual por un lado estaba bien, pero por otro me sumía todavía más en el silencio y la soledad. La última vez que me interrogaron me dijeron que iban a enviar el vídeo a un juez y que no tardaría en salir, pero seguían pasando los días y eso no sucedía. Creo que esto era parte de la tortura también: decirme que iba a salir enseguida y que luego no fuera verdad. Sea como fuere el caso es que nadie aparecía y me decía *boro*, como me había anunciado Wahid que pasaría.

Cuando me sacaban al patio, miraba de refilón las chancletas que había en la puerta de las otras celdas para asegurarme de que no estaban allí las de Wahid y que efectivamente lo habían liberado. Le había dado datos personales, entre ellos, los datos de contacto de mi amigo Pablo en España, y le había pedido que contactara con él para que supiera dónde estaba e hiciera algo para sacarme de allí. Entraba dentro de lo posible que se lo hubieran llevado para interrogarlo, como a mí, y que lo hubieran cambiado luego a otra celda. Eso habría sido otro golpe para mí.

Cuando salías al patio podías pedir un cortaúñas. Yo siempre lo pedía. No era para cortarme las uñas, porque las tenía destrozadas, con la punta de los dedos en carne viva, sangrando ya. En realidad, no me quedaban uñas que morder. ¿Por qué lo pedía entonces?, te preguntarás. Pues para mirarme. Para verme en el reflejo del cortaúñas como si fuera un espejo. Un espejo diminuto, pero al menos un espejo en el que verme y confirmar que seguía siendo yo.

Me miraba y me quedaba embobado, sorprendido. Día a día, comprobaba que mi aspecto iba empeorando. La barba crecía sin orden, perdía peso a marchas forzadas y se me caía el pelo del estrés. Intentaba mantenerme *strong*, como me había casi ordenado Wahid, pero la presión estaba minando no sólo mi moral, sino también mi energía y mi cuerpo.

A veces intentaba hablar con los guardias y les preguntaba qué pasaba, cuándo iban a sacarme de allí. Pero ellos no respondían o me decían cualquier tontería, supongo que porque no sabían nada y, además, tenían prohibido conversar con los presos más allá de lo imprescindible. En una ocasión traté de fingir un desmayo para ver si me sacaban y me llevaban a otra parte, pero ni así se apiadaron. O yo era muy mal actor o ellos tenían el músculo de la compasión agarrotado.

Por las mañanas, después de la oración, los guardias pasaban por delante de las celdas ofreciendo té a los reclusos. Tenías que sacar la mano con el vaso por la rendija inferior de la puerta y te lo servían, siempre muy caliente. En una de aquellas ocasiones, no sé si por descuido o a propósito, me tiraron el té sobre la mano y me quemaron. Solté el vaso de golpe y me cagué en la puta, con perdón. Escuché cómo afuera se reían con crueldad. Decidí que el té se había acabado para mí.

El aburrimiento era tal que empecé a hacer cualquier tontería para pasar el tiempo. Por ejemplo, cogía agua del baño con las manos y las arrastraba por el suelo formando con la arenilla caminos o carreteras que utilizaba para jugar a las chapas (con chapas que no tenía, o sea, que imaginaba). Luego reunía la suciedad, la tiraba por el desagüe y me lavaba bien las manos.

También dedicaba algunas horas todos los días a sacudir las mantas y quitarles los pelos uno a uno mientras los iba contando. Llegó un momento en que me sentía tan solo que empecé a hablar con los pelos como si fueran personas. Sí, lo has leído bien: hablaba con los pelos. Y no sólo con los pelos. Un buen día descubrí que entraban hormigas por debajo de la puerta y empecé a dejarles migas de pan para que vinieran. Cuando venían, les ponía nombre y hablaba con ellas. A algunas incluso les atribuía una personalidad u otra. Estaba la que era más fuerte y no dejaba coger pan a las otras. Yo la cogía con cuidado, la cambiaba de sitio y le echaba la bronca: «Oye, que te estás comiendo el pan de la pequeña, no abuses». Es increíble lo que puede hacer la mente para distraerse o para no volverse loca.

Otro entretenimiento era deshacer y hacer la cama, que no era otra cosa que una manta doblada sobre el suelo. Uno de aquellos días tan duros me quejé de que me dolía la espalda de dormir en el suelo y accedieron a darme otra manta para que pudiera descansar mejor. En aquel momento no me lo podía imaginar, pero el simple hecho de tener una manta más era considerado allí un privilegio, hasta el punto de despertar la envidia de otros presos, como comprobé más adelante.

A ratos pensaba que ya no podía más, pero me equivocaba. No sabemos de lo que somos capaces hasta que tenemos que superar situaciones extremas; hasta que la vida nos pone ante retos más complicados que cualquier cosa que hayamos vivido antes.

La marcha de Wahid me había dejado desconcertado y sumido en el desasosiego. Pero no me dejé arrastrar a la desesperación. Había momentos en que lograba mantenerme sereno y esperanzado. Me pegaba a la puerta y activaba las alertas ante cualquier movimiento o cualquier ruido que viniera del exterior: unos pasos, un cerrojo que se abría, una conversación, una palabra que empezara por la ese de Santiago...

Uno de aquellos días escuché unos pasos que se detuvieron ante mi puerta. Oí una conversación en farsi que parecía una discusión, con palabras que no logré descifrar, y de pronto se abrió la puerta y apareció un hombre más bajo que yo, regordete y con los ojos vendados. Le faltaba un diente y olía muy fuerte a tabaco. Era más joven que yo, como supe luego, pero aparentaba al menos diez años más.

Le dieron un empujón, entró con dos pasos largos y se quedó delante de la puerta erguido mientras detrás se escuchaba el cerrojazo del guardia al cerrar la puerta. Luego se quitó el antifaz, me miró y empezó a llorar. Me levanté, lo abracé y traté de consolarlo, diciéndole con suavidad: «Tranquilo, amigo, no pasa nada».

Empecé a preguntarle cómo se llamaba y por qué estaba allí, pero no hablaba absolutamente nada de inglés, así que la comunicación resultaba muy difícil. Entendí que, como yo, llevaba varios días encerrado y que estaba al final del pasillo, con un compañero de celda al que habían ahorcado.

Se llamaba Umit y mediante gestos pude saber que estaba casado y tenía dos hijos, un varón de doce o trece años (lo calculé por la altura que me dijo que tenía) y una niña más pequeña. Me dijo que estaba enfermo. Me enseñó la tripa y vi que, efectivamente, tenía un pedazo de cicatriz. También entendí que estaba tomando antibióticos y otros medicamentos.

En una de éstas, se fue detrás del murete a hacer sus necesidades y empezó a soltar unos aires tremendos. Empecé a dudar de si estaba mejor solo o acompañado.

Umit lloraba a menudo y no paraba de hacer todo tipo de ruidos. Cuando no lloraba, recitaba el Corán, y por la noche roncaba tanto que cada media hora tenía que darle un manotazo. En los cuatro o cinco días que estuve con él no dormí ni una hora seguida, sólo conseguí dar cabezadas.

Para colmo, fumaba, algo que a mí me da mucho asco, sobre todo en un espacio cerrado y pequeño como aquella celda. No tenía tabaco, pero se lo pedía a uno de los guardias, al que yo empecé a llamar Marce porque tenía el pelo parecido al de Marcelo, el jugador de fútbol de Real Madrid. Me trataba bien y le fui cogiendo confianza y, como no sabía cómo se llamaba, empecé a llamarlo con ese apodo. Marce por aquí y Marce por allá. De vez en cuando, Marce venía a traerle los antibióticos a Umit y éste le pedía tabaco. Marce le decía que no, pero un día, viendo que Umit estaba muy nervioso, le dije: «Marce, anda, dale un cigarro al gordo que está muy estresado y me tiene frito». Y debió de entenderme, porque se lo dio. Eso sí, lo envié a fumárselo a una esquina de la celda, donde estaba el retrete, porque allí al menos había unas rejas y el humo se iba en parte por ahí.

Uno de los días me explicó que era de allí, de Sanandaj, y alzó un puño al aire. Pensé que quizás lo habían detenido por las manifestaciones que siguieron a la muerte de la chica aquella, Mahsa Amini. Insistía mucho en que estaba muy triste y muy preocupado por su familia. Aunque yo también estaba jodido, me dio pena y le pregunté cómo le podía ayudar. Se llevó la mano a la boca para decirme que su familia no tenía para comer. Le dije que en mi equipaje llevaba algo de dinero y que cuando me devolvieran mi equipaje lo ayudaría. Pero no hubo ocasión, porque se lo llevaron a él antes que a mí.

Una de las noches que pasé con él escuché un ruido. Me levanté y vi que estaba tirando las pastillas que le daban por el desagüe. Estaba agachado con los pantalones bajados y me miró de reojo con cara de pena, de miedo y de vergüenza. Le pregunté por qué lo hacía y me dijo con señas que se quería morir. Pensé que aquello era una papeleta y me fui corriendo a la puerta para llamar a un guardia. Empecé a dar golpes y Umit vino corriendo y me agarró y forcejeamos.

Umit era muy desconfiado. A pesar de que me había ofrecido a ayudarle dándole parte de mi dinero para que su familia pudiera comer, un día me lo encontré contando mis mantas. Se dio cuenta de que yo tenía una de más, la que me habían dado los servicios secretos cuando les expliqué que me dolía la espalda. Cuando finalmente lo vinieron a buscar y se lo llevaron, recogió sus cosas y se fue sin despedirse. Al cabo de un rato, vino un guardia y me quitó una manta. El tipo se había chivado.

A pesar de los ruidos que hacía a todas horas y de su desconfianza, cuando se llevaron a Umit, me quedé otra vez destrozado. Volví a estar solo cinco o seis días más, con todo lo que aquella soledad conllevaba. Seguía incomunicado, sin noticias del exterior y sin ninguna explicación sobre por qué seguían reteniéndome ni cuándo me dejarían en libertad.

El mes de octubre estaba avanzado y encendieron la calefacción. El problema es que estaba tan fuerte que dentro de la habitación hacía un calor insoportable, como si fuera una sauna. No sé si era parte de la tortura, pero era horroroso. Por lo visto, pasaban varios tubos por debajo de nuestra celda, porque el suelo quemaba. A ratos no podía más y me iba a la zona del baño, donde el suelo estaba embaldosado y no quemaba tanto.

Por suerte, al cabo de unos días me cambiaron de celda. Abrió la puerta el guardia de turno, que no era Marce sino otro, y me dijo que recogiera mis cosas. No pronunció, sin embargo, la palabra *boro*, así que no me hice ilusiones. Reuní mis enseres, me tapé los ojos y empecé a seguir al guardia. Izquierda, derecha, por aquí, por allá. Al final llegamos, casualidad o no, a la misma celda donde había estado al principio del cautiverio con Alí. Cuando me dejaron dentro y cerraron, me quité el antifaz y vi a un hombre mayor, de sesenta y tantos. Me abalancé sobre él y le di un abrazo con tanta emoción que se me cayeron las lágrimas. Recuerdo que le dije, en español: «Amigo, yo soy buena persona, te lo prometo. Yo no sé qué hago aquí, pero soy bueno». Y él me contestó: *«Don't worry, don't worry».*

No recuerdo cómo se llamaba aquel hombre, pero yo le puse un apodo: Baba, que significa «papá». Así le llamé durante la semana que pasamos juntos. La convivencia con él fue buena, con mucho respeto mutuo. Y eso me ayudó a recuperarme mentalmente.

Baba tenía un problema en los ojos y a veces me pedía que le pusiera unas gotas. En cierta ocasión, mientras lo hacía, abrió la puerta de la celda un guardia. Me giré y le dije: «Mira, aquí estoy con mi *baba*». La escena debió de enternecerlo, porque al cabo de un rato se presentó con dos refrescos y dos chocolatinas para nosotros. Fue un regalo que al principio agradecí mucho, pero que luego me sentó fatal. Llevaba veinte días a base de arroz y agua, y mi cuerpo no supo asimilar aquella explosión de sabor y aquella cantidad descomunal de azúcar.

Baba era buena gente. Por algún motivo, tenía una cama muy buena, con dos mantas gruesas y limpias.

Como a mí me habían quitado las mías, empecé a dormir otra vez mal y a no descansar. Baba se dio cuenta y me dejaba su cama durante el día para descansar mientras él caminaba por la celda tocando las paredes.

Estando con Baba, un día vinieron a buscarme los del servicio de inteligencia. Pensé, desanimado, que volverían a hacerme las mismas preguntas de siempre, el mismo interrogatorio al que me sometían una y otra vez esperando a que me contradijera, cosa que nunca pasó, porque no tenía nada que esconder y no había hecho nada ilegal ni perjudicial para nadie. Aquella vez, sin embargo, la cosa fue diferente. Me explicaron que iba a hablar por teléfono con el embajador español en Teherán y que la conversación tenía que ser en inglés, supongo que porque no tenían ningún intérprete de español y querían saber lo que hablábamos.

Así que, después de veintitrés días de encierro sin poder hablar con nadie de mi país, pude conversar con el embajador en Teherán, Ángel Losada. Eso sí, en inglés y con el altavoz del teléfono puesto para que también escucharan la conversación los del servicio secreto. El hecho de tener que hablar en inglés en una situación tan delicada fue incómodo y a ratos hasta angustioso, pues no entendía algunas de las cosas que me decía el embajador. Por ejemplo, después de preguntarme cómo estaba, me dijo que iban a intentar sacarme «*as soon as possible*», pero yo no conocía esa expresión y tuve que pedirle que me aclarara qué quería decir.

Recuerdo que le pregunté, muy directo: «Pero ¿yo qué hago aquí? ¿Esto qué es? ¿Qué está pasando?». Y él, con mucha paciencia y supongo que midiendo las palabras porque nos estaban escuchando, me explicó que lo que me estaba pasando no era habitual pero sí era normal, es decir, que les pasaba a bastantes extranjeros inocentes como yo. «Santiago, sabemos que eres inocente —dijo—. Sabemos que eres un turista, pero lo tienen que comprobar. Suelen tardar seis o siete meses.»

Cuando me dijo esto último, se me cayó el mundo al suelo. ¡¿Siete meses?! No podía ser. Se lo dije al embajador: «Si me tenéis aquí siete meses, me corto las venas ahora mismo. Esto es un infierno. No puedo dormir, se me está cayendo el pelo, he perdido diez o quince kilos...».

Trató de tranquilizarme diciéndome que no me preocupara, que agilizarían todos los trámites, que las relaciones entre España e Irán eran buenas y que eso facilitaría las cosas. Pero a mí en la cabeza sólo me quedó grabado lo de los siete meses.

Cuando colgó, me quedé hundido.

4

El traslado a la prisión de Saqqez

Pasé veinte días más en Sanandaj, otra vez incomunicado. Ni yo pude hablar con el exterior ni nadie del exterior pudo hablar conmigo. En total, fueron cuarenta y dos días de aislamiento en los que mi único contacto con alguien del exterior fue aquella conversación en inglés por teléfono con el embajador.

Después de Baba, que cuando se despidió trató de darme esperanza diciéndome que todo se arreglaría y que acabaría yendo a Qatar, pasé un par de días sin ningún movimiento. Pensé que se habían olvidado de mí. Lo peor era eso: tener la sensación de que se han olvidado de ti y no le importas a nadie. Te comes la cabeza con eso y es fácil volverte loco.

Al cabo de esos dos horribles días, me pusieron en la celda a un chaval más joven que yo con las piernas rotas, lleno de moratones, al que al parecer la policía había apaleado porque le habían pillado escondiendo un kalashnikov. Entró cojeando, lo saludé y le pregunté su nombre. Me explicó que se llamaba Afshar y que tenía una hija de ocho años.

Con él conviví cinco o seis días más, no recuerdo exactamente, porque llegó un momento en que perdí la noción del tiempo. Hasta que un día se abrió la puerta y escuché la palabra mágica: «*Boro*». ¡Madre mía! Di un salto, excitadísimo. Luego me puse de rodillas delante de Afshar y empecé a decirle: «Hey, amigo, me voy, me voy a casa». También empecé a hablar con un preso de la celda de al lado, al que Baba le había explicado quién era yo y que me conocía de las redes. El guardia me ordenó que callara, pero yo no podía, estaba excitadísimo.

Me despedí de Afshar y le di mis mantas y mi vaso de plástico, que era un poco más grande que el suyo. En realidad, ya no lo estaba utilizando, porque desde que me quemaron la mano yo no quería té. Me sacaron de la celda y me llevaron por los pasillos a una sala, donde me devolvieron mi teléfono móvil. Pensé que a continuación me darían el resto de mis cosas, pero no fue así. En lugar de eso, me llevaron a un coche junto a otro chaval que se llamaba Mahti y nos taparon los ojos a los dos. Eso no me gustó. Pensé: «¿Esto qué es? Si me van a soltar, ¿por qué me vendan los ojos y me meten en un coche?».

Cuando llevábamos unos minutos circulando, nos quitaron el antifaz. Supongo que nos lo pusieron para que no viéramos el camino de salida del centro de detención o algo así, no lo sé. Martin y yo íbamos detrás esposados y delante iban dos agentes. Intenté encender mi móvil, pero no tenía batería, así que le pregunté a uno de ellos si lo podía cargar. Luego quise saber adónde nos llevaban y me dijo que a Saqqez. Yo le dije, pensando en que ya estaba libre, que me podían dejar en cualquier sitio, que ya me buscaría un hotel. Me respondió que íbamos a la prisión de Saqqez y que no me preocupara, que pasaría una noche allí y me podría ir. No estoy seguro de que me entendiera ni de que yo le entendiera a él. El caso es que, después de un par de horas largas de viaje, llegamos a Saqqez, pero no al centro de detención pequeño en el que había pasado los dos primeros días de mi reclusión, sino a la prisión.

No entendía qué estaba pasando.

Entraron con el coche en la prisión. Había guardias armados por todos lados. Nadie parecía saber qué tenían que hacer con nosotros, era todo un poco caótico. En el edificio de la prisión hacía mucho frío y había mucha humedad. Cuando pasé por el arco detector de metales, saltó la alarma. Saqué el móvil y se quedaron extrañados, como diciendo: «¿De dónde ha sacado este tío un móvil?». Yo les expliqué que era el mío y que me lo habían devuelto en Sanandaj, pero no me hicieron caso y me lo quitaron.

Me metieron en una celda que ponía algo así como *karentin*, que imaginé que debía de significar algo parecido a cuarentena. Nada más atravesar la reja y cerrarse detrás de mí, empezaron a acercarse los presos como zombis. Algunos parecían drogados. Conté una veintena en una habitación de unos tres por ocho metros, grande para dos o cuatro personas, pero diminuta para todos los que éramos. La sensación era más agobiante que en las celdas anteriores.

Nadie hablaba inglés, aunque alguno lo chapurreaba. Uno de ellos, al que bauticé como Big Ben porque era el que se defendía mejor, empezó a decirme que me había visto en la BBC. No sé si era verdad o no. «He visto a tu hermana —me explicó—. Dice que eres turista.» Dijo «*tourist*» y otro preso lo debió de entender mal y soltó «*terrorist*». Me dio muy mal rollo y repetí varias veces «*tourist*» para que quedara claro.

Otros quisieron asustarme diciéndome que en aquella cárcel había talibanes y presos peligrosos, y que había que ir con cuidado porque se producían abusos. Al poco nos trajeron algo de comer y cenamos todos juntos. Comenté con Martin el viaje desde Sanandaj y me preguntó si no tenía miedo. No recuerdo lo que le dije, pero lo cierto es que no era exactamente miedo lo que sentía, sino más bien inquietud por aclarar lo que estaba pasando y salir de allí cuanto antes. Era más estrés que miedo, en realidad.

Entre el grupo de veinte presos había uno que parecía el jefe. En una conversación me explicó que estaba al final de su condena y me pidió el Instagram de mi familia para enviarles algún mensaje de mi parte. Al cabo de una semana, efectivamente, salió en libertad y envió algunos mensajes a mi familia, que hasta ese momento sólo sabían lo que les habían dicho en la embajada. Luego el tipo se las ingenió para aprovecharse de la situación y sacarle dinero a mi familia. Con la excusa de que me lo iba a enviar a mí, les pidió dos o tres veces cincuenta euros.

Aquel primer día, cuando acabamos de cenar, me fijé en las literas y vi que había sólo diez camas para veinte personas. «¿Cómo lo vamos a hacer?», pensé. No tardé en averiguarlo. Me ofrecieron una de las camas y algunos chicos se estiraron a dormir en el suelo. Sin mantas ni nada, literalmente en el suelo. Lo único bueno es que había una ducha en la que te podías duchar de pie, lo que, viniendo de donde venía, me pareció un lujo. Me duché y me tumbé en el camastro para intentar dormir un poco.

Al día siguiente, por la mañana, entraron dos guardias con una jeringuilla en la mano. Primero pincharon a Martin, al parecer la vacuna contra el coronavirus. Luego se acercaron a mí, que estaba en la cama, e incorporándome les dije que no me pincharan. Me explicaron que era sólo un pequeño pinchazo en un dedo para hacerme una prueba. Y no sé si fue que no había desayunado o que llevaba mucha presión encima, pero al ver la sangre ya no pude más. Me levanté, di dos pasos y caí desmayado.

Cuando recuperé el conocimiento, estaba estirado en una camilla en una pequeña habitación que debía de ser la enfermería. Me dolía mucho un tobillo debido a un esguince que me había hecho al desplomarme. Había un hombre que dijo ser médico. Luego vino otro que se presentó como el director de la cárcel y quien al parecer me conocía, porque me llamó por mi nombre. «¿Qué te ha pasado, Santiago?», me preguntó. A continuación, me dijeron que me iban a llevar al hospital de Saqqez y les dije que no hacía falta, que me había mareado por el humo del tabaco, porque en la celda algunos presos fumaban (y no sólo tabaco, también pegamento).

Al final me llevaron al hospital en un coche, esposado de pies y manos. Vinieron conmigo cinco guardias, como si yo fuera un delincuente superpeligroso en lugar de un turista español al que, por algún motivo que todavía no estaba claro, habían tomado por quien no era. Por el camino, uno de los guardias, un chaval joven, me dijo, con muy mala leche: «O sea, que tu sueño es ir a Qatar, ¿no? Pues no lo vas a cumplir. Vas a estar aquí mucho tiempo». Me envalentoné y le repliqué: «¿Y tú quién eres? No te tengo ningún miedo».

A la vuelta del hospital me llevaron a una sección de la prisión un poco más tranquila. Era una sección militar. El guardia me metió en una celda y le dijo al preso que había allí: «Mira lo que te traigo, un español». Como si yo fuera un juguete o una atracción. El chico no tenía ni idea de inglés, pero al parecer tenía mano allí, porque enseguida consiguió un diccionario inglés-farsi y así pudimos conversar.

Le pregunté cuánto tiempo llevaba allí y me respondió con el número doce. «¿Doce meses?» «No, doce años. Maté a una chica con un fusil y me condenaron a muerte. Pero me tienen aquí hasta que ellos quieran.» Seguimos hablando y me explicó que la sección de la que venía era muy peligrosa y que allí estaría mejor.

Y sí, la verdad es que estuve mejor. Aunque no tenía ningún lujo, la sección no era tan caótica ni tan precaria como la otra. En la celda teníamos televisión y nevera, así como un pequeño patio al que yo salía para intentar hacer deporte. El director de la prisión venía a visitarme cada dos o tres días y algunas tardes venía también un médico que hablaba inglés y que me dijo que me seguía en Instagram.

Aquel chico tenía derecho a llamadas y en algún momento se me pasó por la cabeza pedirle que hablara con mi familia, pero no quería hacer nada peligroso ni que pudiera levantar sospechas. Sólo quería que se deshiciera cuanto antes aquel malentendido y me soltaran. Esperaba que lo que había dicho el embajador sobre los siete meses no fuera cierto, que las cosas se pudieran solucionar antes. No entendía por qué no podía ser de esta manera.

El chico tenía un reproductor de MP3 con música kurda y a veces la ponía y yo bailaba, y él se reía y hacía bromas. Tenía acceso al economato y a veces me sacaba a la sección de las cocinas, donde nos hacíamos huevos fritos con patatas. Parecía feliz de tenerme ahí. De vez en cuando me animaba y me decía que iba a salir pronto, pero pasaban los días y no había novedades.

En diciembre me visitaron el embajador español en Irán, Ángel Losada, y la cónsul en Teherán, María del Mar Angarón. Yo estaba muy nervioso, tanto que, cuando entré en la sala, los saludé en inglés: «*Hello! Good morning!*». La cónsul dijo: «Santiago, puedes hablar en español. Todos somos españoles». En ese momento me derrumbé y se me saltaron las lágrimas. Sólo acertaba a decir, tratando de secarme las lágrimas: «Joder, vaya tela, vaya tela la que he liado, vaya tela».

Con el embajador y la cónsul venían más personas de la embajada. Uno de ellos me preguntó qué necesitaba. Le dije que lo que más necesitaba era un abrazo. Entonces, Ángel Losada se levantó y me dio un abrazo de dos minutos. Hay fotos de eso y de todo el encuentro. Supongo que las hicieron para atestiguar la visita y para enviárselas a mi familia. Para que vieran que, teniendo en cuenta las circunstancias, estaba bien.

Cuando me pude calmar un poco, les expliqué que no tenía artículos de aseo que para nosotros, en España, son básicos, como desodorante o bastoncillos. También les dije que, como era invierno y no tenía mi ropa, a veces pasaba frío. Uno de los hombres que acompañaban al embajador y a la cónsul me dio una chaqueta, una especie de forro polar, y su desodorante.

El embajador me explicó que estaba muy disgustado y que iba a remover Roma con Santiago antes de regresar a Teherán (habían venido por tierra desde allí, a una distancia de unos 600 kilómetros, con escolta). Añadió que iba a hablar con el fiscal y con el juez de la zona para pedirles explicaciones. No dudé en ningún momento de su buena voluntad, pero empecé a temerme que aquello podía ir para largo.

Al final del encuentro nos permitieron hacer una llamada a tres bandas, o sea, el embajador llamó a mi hermana y mi hermana a mi madre con el altavoz. Fue una locura, una montaña rusa de emociones. Por un lado quería llorar, pero por otro no quería hacerlo para no preocupar más todavía a mi familia.

Durante la visita, además de emocionado, estuve muy tenso porque, como pensaba que la conversación sería en inglés y yo no me expresaba muy bien en ese idioma, llevaba un mensaje escrito en un papel y escondido en mis partes. En él explicaba, de manera resumida, todo lo que había pasado antes y después de que me detuvieran para que tuvieran toda la información. Mi idea era metérselo en el bolsillo al embajador o dárselo con disimulo. Cuando acabamos, temí que me registraran antes de llevarme a la celda y lo encontraran, así que pedí ir al baño y lo arrojé por el desagüe.

Cuando la delegación española se fue, me quedé con dos sentimientos. Por un lado, mucha alegría porque parecía que la embajada estaba tratando el tema. Por otro, en cambio, mucha tristeza, porque algunos presos me dijeron que me preparara para una espera larga, que las cosas allí iban muy despacio.

Al día siguiente vino a la prisión el juez de aquella zona del Kurdistán. Por lo visto, era un tipo con mucho poder en la región, porque los guardias se pusieron más derechos que una vela y me advirtieron de que debía ser muy respetuoso con él. Llegó y, con ayuda de un traductor porque no hablaba inglés, me dijo que me iban a trasladar a la prisión de Evin, cerca de Teherán, para que estuviera más cerca de la embajada. Recibí la noticia con angustia, porque muchos presos me habían dicho que Evin era la peor del país con diferencia, un auténtico infierno lleno de talibanes con barbas larguísimas y los peores delincuentes.

Por otra parte, entendí que de aquella manera todo iría más rápido y que mi paso por Evin sería una última parada breve —«*last station*», dijo el traductor— antes de soltarme. El fiscal incluso hizo un gesto como de darme una patada en el culo y pronunció la palabra «*deportation*» ('deportación'). Así que me quedé con esa esperanza.

Durante los días siguientes me estresé tanto que cometí una imprudencia. Con ayuda de un compañero kurdo que estaba sentenciado a muerte conseguí hablar por teléfono con la embajada. Conseguimos el número y, como él tenía derecho a llamadas, nos metimos en una cabina. Me puse un gorro y, escondiéndome de las cámaras, llamé.

Quería explicarles que había venido a verme el juez y que me había dicho que me enviaban a Evin. Cuando descolgaron y me identifiqué, mi interlocutor, que creo que era Enrique, el segundo del embajador en aquel momento, dijo: «Oye, qué bien que te dejen llamar, ¿no? Qué buen rollo». Y yo le contesté que no, que no me habían dejado llamar, que lo estaba haciendo a escondidas y que me podía caer un buen castigo, pero que estaba tan inquieto que quería asegurarme de que en la embajada estaban informados.

Al rato de acabar la llamada, no más de media hora, vino a verme el director de la prisión. Estaba acojonado, pensando: «Ya está, Santiago, la has jodido. Se han enterado y ahora no te van a dejar salir de aquí». Pero no. Lo que me dijo fue esto: «Empaqueta tus cosas que te vas».

5

Llegada al infierno de Evin

El traslado desde Saqqez hasta Evin tuvo lugar el 12 de diciembre. Llevaba ya más de setenta días detenido en diferentes centros y celdas.

Me metieron en un coche, esposado y con los ojos tapados como era habitual. Otra vez la oscuridad y la incertidumbre, mis compañeras durante gran parte de este duro viaje que te estoy explicando. Un viaje que también tuvo su parte positiva, como más adelante te contaré.

Durante todo el trayecto por la parte kurda me acompañaron cuatro guardias que me iban diciendo cosas con la ayuda del traductor del móvil. Me dijeron que sabían que yo era inocente, que Alí me había tendido una trampa con aquello de la tumba y de la foto y que lo pagaría caro. Soltaban palabrotas y se reían entre ellos. Yo no quería que castigaran a Alí ni a nadie, sólo quería que me dejaran libre y en paz, porque yo no le había hecho nada malo a nadie ni me había metido con nadie.

Esa parte del viaje fue más o menos buena, incluso paramos en una gasolinera y me compraron un botellín de agua y una bolsa de patatas. Pero a mitad de camino pararon el coche y me sacaron. Era ya de noche, pero pude ver las luces de otro coche y unos tipos con fusiles. Los guardias kurdos me explicaron que me iban a trasladar a otro vehículo con otros guardias, que serían los que me llevarían a Evin. «Estarás una noche en una habitación pequeñita tú solo y al día siguiente te irás a España», me dijeron. Me olía a mentira, y definitivamente lo fue.

Sin quitarme las esposas, me metieron en el otro coche para hacer el cambio entre la policía de la región del Kurdistán y la del resto de Irán. Luego seguimos unas cuantas horas más. En total calculé que viajamos unas doce horas.

Los guardias hablaban entre ellos, pero yo no entendía nada, porque el idioma de la zona kurda no se parece mucho al persa o farsi, que es lo que hablan en el resto de Irán. Las palabras que había aprendido en los dos meses y medio anteriores ya no me valían. Incluso notaba que, cuando las utilizaba, los guardias se sentían incómodos.

Llegamos a Evin sobre las dos de la madrugada. Pude ver los carteles cuando ya nos acercábamos. La prisión, que es enorme, como una ciudad, está apartada de Teherán, en lo alto de una montaña. Está rodeada de minas antipersona, además de sensores y perros de vigilancia, por si alguien tiene la tentación de escaparse.

La llegada fue de película de terror. Los agentes de la policía le dieron mis pertenencias a un guardia que había en una garita y las perdí de vista. Me hicieron quitarme la ropa que llevaba y me dieron el uniforme. Me temblaba la mandíbula del frío, así que me dieron una manta para que me tapara mientras hacían los trámites de ingreso. Había otras quince personas como yo: sentadas, arropadas con una manta y mirando a la pared. Se me acercó un guardia y me preguntó al oído si hablaba farsi. Me encogí de hombros y le dije que no. «Pues tienes que hablarlo, estás en Irán», me soltó. Estaba cansado de aquellas vejaciones, de aquella tortura psicológica. Era tortura sobre tortura.

Luego nos llevaron a todos en fila india por los pasillos, arrastrando los pies y con el brazo en el hombro del preso de delante. Por debajo de la venda podía verme los pies. Yo llevaba una chancla de cada color, y otro chaval tenía dos del mismo pie y andaba como un pingüino.

Nos condujeron a una sala donde había calefacción. Un médico me tomó los datos (otra vez las mismas preguntas: «*Where are you from?*», etcétera) y me midió. Luego me hicieron una foto, que todavía conservo, en la que aparezco con barba larga y con la cara pálida. Recuerdo que traté de sonreír, aunque estaba descompuesto después de doce horas de viaje y con un panorama incierto por delante.

Volvieron a llevarnos por unos pasillos y a mí me metieron en una celda muy pequeña, mucho más pequeña que la última en la que había estado en Saqqez. Había un pequeño grifo nada más entrar, chiquitito, del que salía un agua blanca y con mal sabor. Busqué el cuarto de baño, pero no había ninguno. Lo único que me dieron fueron tres mantas. Hasta al cabo de una semana no me dieron ni cepillo de dientes.

En aquel momento no tenía ni idea de qué pasaría los siguientes veintidós días en aquella celda, incluidas la Nochebuena y la Nochevieja de aquel 2022. Al embajador le habían prometido que tendría derecho a llamadas, pero no lo cumplieron. No podía llamar ni recibir llamadas del exterior.

Fueron, sin duda, los peores momentos de esta aventura.

Gracias a Dios, había otra persona conmigo en la celda de la sección 209. Se llamaba Mohammed Reza. Parecía Jesucristo: superdelgado y con el pelo largo. En cuanto lo vi, le di un abrazo enorme.

La presencia de Mohammed me salvó la vida, porque en aquellos días tuve más de una vez pensamientos suicidas. Ahora lo pienso y me entran escalofríos, pero en aquel contexto, con lo que llevaba ya encima y con la incertidumbre de no saber lo que me quedaba, más de una vez y de dos se me pasó por la cabeza acabar con aquel sufrimiento. Pensé en cortarme las venas o en colgarme. Había una rejilla en el techo, por la que nos entraba agua cuando se deshacía la nieve después de las nevadas, y alguna vez me sorprendí calculando la altura para ver si me podía ahorcar. No quiero entrar en detalles porque es doloroso recordarlo, pero no puedo dejar de contar que tuve esos pensamientos, porque de lo contrario no se entendería el horror que pasé en aquellos momentos de diciembre de 2022 y enero de 2023.

A veces lloraba de impotencia y le decía a Mohammed que ya no podía más. En los peores momentos, él me daba esperanza, me decía que no me preocupara, que todo estaba bien, y se reía. Me explicó que ya había estado en Evin hacía un tiempo por lo mismo que lo habían encarcelado en aquel momento: por intentar escapar de su país con lo que él llamaba su «familia». En realidad, no era su familia de sangre, sino espiritual: pertenecían a un grupo religioso que se llamaba Peace and Light o algo parecido. En aquella ocasión los habían atrapado en la frontera con Turquía y los habían llevado a Evin. Eran, de hecho, los quince reclusos con los que había coincidido al hacer el ingreso en prisión.

Esos días no me llamaron para interrogarme. A veces venían a interrogarle a él y se iba de la celda, y yo rezaba para que volviera. Me daba pánico quedarme solo. Él se preocupaba cuando se lo llevaban, claro, porque no era musulmán. De hecho, cuando sonaba la llamada a la oración (que, por cierto, la ponían a un volumen ensordecedor), se ponía a rezar en voz muy alta para que le escucharan los guardias. No hay que olvidar que cambiar de religión en Irán puede llegar a castigarse hasta con pena de muerte.

Mohammed conocía el lugar y el proceso, y me tranquilizaba. Fue una gran ayuda psicológica. Cuando algo me preocupaba y me quejaba, él me decía: «No, amigo, *this is the process*». O sea, me decía que era normal y me calmaba. Incluso llegó a darme una de sus mantas, porque a mí me dolía mucho la espalda, supongo que de dormir en el suelo y de la tensión. Y eso que no soy una persona delicada. Como ya te he contado, en mis viajes a menudo duermo en una sencilla tienda de campaña. No me imagino lo que habría sufrido una persona menos austera que yo...

Una de las cosas más duras era que no teníamos cuarto de baño dentro de la celda. Si querías ir al baño, tenías que llamar por un interfono. A veces te hacían caso y a veces se reían y no venían o tardaban mucho en venir. Más de una vez no pude aguantar y me hice las necesidades encima. Otras veces orinaba en una especie de fregadero que teníamos.

Cuando venían, te llevaban con los ojos vendados a un baño al final de un pasillo. Un baño helado y húmedo en el que tenías que hacer tus necesidades en cuclillas. Te obligaban a dejar la puerta abierta y, si tardabas un poco, empezaban a golpearla para meterte prisa. A veces iba con ganas, pero, cuando llegaba y me encontraba con esa situación, me quedaba bloqueado. No respetaban ni la más mínima intimidad. Es, sin duda, la experiencia más humillante que he vivido en mi vida.

A eso se sumó otro factor. Antes de aquel viaje me había quedado pendiente hacerme una colonoscopia, pues mi padre había sufrido un cáncer de colon hace muchos años y, como es un tipo de cáncer a menudo hereditario, tenía que hacerme pruebas de seguimiento. Llegó un momento en que tenía tal paranoia que cuando estaba en cuclillas en el baño me tocaba para ver si detectaba algún bultito. El sufrimiento mental era horroroso.

Algunos guardias nos trataban de muy malas maneras. A veces, cuando nos llevaban al baño, nos vendaban los ojos y nos empujaban. Alguna de esas veces, incapaz de soportar más la humillación, me quitaba la venda, me daba la vuelta y me encaraba con el guardia, diciéndole en español: «Pero ¿esto qué es? ¡Que soy inocente, joder! ¿De qué vas?». Luego me calmaba y pensaba que no merecía la pena, que el guardia al final era un mandado y no tenía ningún poder de decisión. Le habían dicho que tenía que hacer su trabajo así y no tenía poder de decidir por sí mismo.

Afortunadamente, los guardias que me trataron mal en los quince meses que pasé entre rejas fueron los menos. La mayoría eran buena gente que hacía lo que le mandaban y que procuraba tratarnos con respeto. Alguno incluso me dio su teléfono diciéndome que estaba cansado de trabajar allí y que quería venirse a España.

Nos podíamos duchar una vez a la semana o cada cinco días, dependiendo de cómo nos portáramos. Y no en la celda, claro, porque allí no teníamos ducha. Así que olíamos fatal. Comíamos con las manos y bebíamos el agua sucia que salía de la canaleta. Cada vez bebía menos agua, en parte por su aspecto y su sabor, en parte para tener que ir menos al baño.

Mohammed me decía que cada día vivido en Evin equivalía a cinco días en una prisión normal. Y no debía de faltarle razón, porque aquellos veintidós días se me hicieron eternos. Como los iba contando mentalmente, llegó un día en que calculé que era Nochebuena. No sé de dónde saqué el ánimo, pero pasé la tarde del 24 de diciembre de 2022 cantando villancicos con Mohammed.

Cuando vives un infierno así, la mente se busca todo tipo de estrategias para sobrevivir. Con Mohammed también hicimos algo que yo ya había hecho en Sanandaj: dejábamos migas de pan en el suelo para que vinieran las hormigas y poder hablar con ellas. En una ocasión vimos dos hormigas subiendo por la pared y me dijo: «Mira, mira, somos tú y yo que nos estamos escapando».

Cualquier cosa servía para distraerte y pasar las horas. A veces jugábamos a mirar la pared, que era de gotelé, y buscar figuras. Nos imaginábamos cualquier cosa. Otra distracción de aquellos días fue construirme un colchón con una especie de corcho blanco de las cajas en las que nos daban la comida. Cuando pasaban a recoger la basura, Mohammed rompía su corcho en dos para que no sospecharan y yo escondía el mío debajo de la alfombra. Terminé haciendo un buen colchón, que dejé en herencia a quien vino después de mí.

Usé todo tipo de recursos mentales durante aquellos días con Mohammed. A veces me imaginaba, por ejemplo, que era un astronauta en una misión especial y que estaba dentro de una nave viajando por el espacio; o que me habían enviado a la Luna porque era el mejor y no tardaría en volver a la Tierra. Durante un rato, llegaba realmente a creérmelo e incluso imitaba los movimientos a cámara lenta de un astronauta. Aquello, aunque visto desde una situación normal puede parecer absurdo, me resultó de gran ayuda.

Creo que la mente tiene un poder enorme para ayudarnos a superar situaciones límite como aquélla. Por desgracia, no todo el mundo logra esa fortaleza mental. En algunas celdas por las que pasé, vi manchas de sangre de presos que se habían suicidado.

Después de unos días sin noticias de la embajada, empecé a pensar que se habían olvidado de mí. Lo único que tenía claro era que había que aguantar como fuera. Uno de los momentos más duros fue el día en que vinieron a buscar a Mohammed para llevárselo definitivamente. Le dijeron que recogiera sus cosas y yo me levanté y me quedé totalmente paralizado. No podía ni pestañear. Noté la presión del corazón y su bombeo, las manos totalmente rectas, tensas y paralelas a mi cuerpo. No me podía mover. Mohammed me cogió la cara y me dijo: «*You need to be strong*, amigo». Tienes que continuar fuerte, esto va a pasar. Lloraba y se me caía el moquillo. No podía articular palabra.

Señaló al cielo y me dijo que nos veríamos en el futuro. Luego me dio un beso y un abrazo y se marchó. Me quedé solo, con una angustia brutal.

6

Con Thomas y Faras en el corredor 8

Cuando se fue Mohammed, me puse a reorganizar la celda para hacer algo e intentar superar la avalancha de emociones que se me vino encima. Tras acabar, empecé a caminar por aquel reducido espacio con el mismo propósito. Por suerte, al cabo de una hora o así, los guardias abrieron la puerta y entró un chaval joven, de veintipocos años. Creo que se llamaba Hossein. Digo «creo» porque, aunque tengo muy buena memoria, hay fechas y momentos que me bailan en la cabeza. En su momento, estando en prisión, me apunté muchas cosas, pero los servicios de inteligencia me requisaron mis cuadernos cuando finalmente me dejaron en libertad en diciembre de 2023.

Con aquel chico estuve sólo un día, porque me trasladaron enseguida a otra celda, pero lo recuerdo porque pasó una cosa curiosa. Nada más quitarse el antifaz, lo saludé con un *salam aleikum,* pero esto es más árabe que farsi. Si eres de Irán, tienes que decir sólo *salam*. Nos dimos un abrazo, pero yo noté que era un poco frío. Luego me preguntó de dónde era y, cuando le dije que era español, se echó las manos a la cabeza. «No puede ser, no puede ser», dijo. Él pensaba que yo era árabe, y resulta que había tenido algún problema previo con un árabe. A continuación, me dio otro abrazo, esta vez más fuerte. Un pedazo de abrazo.

Luego, hablando, resultó que el chico conocía mi historia. Sabía que yo era el que iba caminando para ver a la selección española en Qatar. Se alegró de reconocerme. «Amigo, amigo», repetía.

Este chico me explicó que habían matado a algunos amigos suyos en unas manifestaciones que había habido recientemente. Al parecer lo habían cambiado de celda porque era bastante revoltoso y había escrito cosas ofensivas contra el régimen. Me dijo también que no creía en Dios.

Otra cosa curiosa de este chico es que tenía calcetines, cosa poco habitual en aquella sección. Me contó que se los había regalado un tal Thomas, un danés que había en la celda de la que él venía y que, según me contó, tenía libros que le traían de la embajada danesa. Soy un gran lector, así que en aquel momento lo de tener libros me pareció un verdadero lujo. Además, uno no sabía cómo matar las horas dentro de la celda. Creo que el hecho de impedirnos hacer otra cosa durante las veinticuatro horas del día que no fuera estar estirado sobre las mantas mirando la pared y comiéndonos la cabeza formaba parte de la tortura a la que nos sometían.

La mañana siguiente de llegar este chico, se abrió la puerta y me dijeron que cogiera mis cosas que me iba. ¡Uf! Me entraron unos nervios... Reuní las pocas cosas que tenía, le di un abrazo al chico, señalé con mi índice al cielo y le dije: «No te preocupes, amigo. Dios sabrá cuándo sacarte de aquí».

Me llevaron a una zona que llamaban «corredor abierto». El corredor era un pasillo estrechito de unos quince pasos de largo que tenía cuatro celdas a la izquierda y una pared a la derecha. La diferencia importante con la zona en la que estaba antes es que aquí las puertas de las celdas estaban abiertas. El pasillo estaba cerrado en sus extremos, pero los presos (éramos dieciséis o diecisiete) podíamos movernos libremente por el corredor y pasar de una celda a la otra.

Ahí estaba, justamente, Thomas, el danés del que me acababa de hablar mi último compañero de celda, aquel chico joven. Igual que otros que estaban en aquella zona, Thomas hablaba inglés, lo cual fue toda una mejora para mí. Más aún, eso me salvó la vida. Porque, aunque con el tiempo aprendí iraní, en aquel momento sólo me podía comunicar en inglés.

Muchos conocían mi historia y me recibieron bien. Además, en la celda donde me ubicaron, había más mantas, nevera, fruta y algunos otros privilegios. También había televisión, pero no la llegué a ver porque era de aquellas antiguas de culo gordo y se veía fatal. Lo único malo es que éramos muchos y a veces era agobiante. Entraba y salía gente a diario, porque el país estaba patas arriba con las manifestaciones. Allí, en el corredor 8 de la sección 209 del centro penitenciario de Evin, estuve unos veinte días más, en concreto hasta el 22 de enero de 2023.

Thomas y yo nos hicimos muy amigos y llegamos a tenernos mucha confianza. Me explicó que era *youtuber* y que lo habían detenido por grabar vídeos. Al parecer, en alguno de los vídeos, sin saberlo o sin darle importancia, había grabado algún edificio militar, y por eso lo habían detenido y llevaba allí tres meses. ¡Vaya tela!

Mi situación era parecida: yo llevaba detenido, entre comisarías y otros centros de detención, más de tres meses, desde el 2 de octubre de 2022. Ahora bien, a diferencia de Thomas, yo no tenía derecho a llamar a mi familia con mi propio teléfono. Él sí podía hacerlo, como también llamar a su embajada. Yo tuve que esperar todavía unos días más hasta que volví a tener noticias de la mía. No es una queja con respecto a la embajada española, que seguro que hizo todo lo que estaba en su mano, sino hacia las autoridades iraníes, que le habían prometido al embajador que tendría derecho a llamadas y luego no lo cumplieron.

Thomas y yo hicimos equipo. Nos defendíamos mutuamente de algunos elementos revoltosos que había en el corredor, gente sin escrúpulos que trataba de imponer la ley del más fuerte. A veces reinaba el caos y se discutía y se luchaba por cosas aparentemente sin importancia como comerse el tomate más grande.

Había historias muy duras y otras muy curiosas. Por ejemplo, a uno de los jóvenes que había allí lo habían detenido por tener fotos de su novia y de otras chicas desnudas. Él lo explicaba riéndose, pero en el fondo no tenía ninguna gracia: dejaba entrever una falta de respeto terrible a derechos humanos básicos como el de la intimidad.

Vivíamos bajo tanta presión que a veces nos entraban paranoias. Una de ellas fue pensar que me ponían veneno o alguna otra cosa en la comida. Ya me había pasado cuando estaba en Sanandaj. Una vez cogí un pepinillo, lo apreté fuerte y salió un chorrito de un líquido sospechoso. Me imaginé que lo habían metido con una aguja y que era alguna especie de suero para hipnotizarme y obligarme a decir cosas que no eran verdad.

Cuando estuve con Thomas, volví a sentir aquella paranoia y lo compartí con él. Lo hablamos y decidimos hacer ayuno algunos días, sobre todo después de que un día un preso tuvo una especie de desvanecimiento mientras comía y se quedó inconsciente. Me asusté tanto que fui corriendo a ponerle un trapo mojado en la frente e intenté hacerle una maniobra de reanimación. Por suerte, al final se recuperó.

En realidad, el problema era que estábamos sometidos a tal estrés que a veces no podíamos más y nos desmayábamos. Era como una subida de tensión que hacía que al cuerpo le saltaran los plomos.

Lo único positivo de aquel episodio fue que algunos del corredor empezaron a llamarme, en plan gracioso, doctor Santiago.

Entre los reclusos del corredor 8 había uno al que todos consideraban el jefe. Le llamaban *bakilban* y era el que se encargaba de hablar con los guardias para los temas de intendencia, como encargar comida del economato (la que podías comprar si tenías dinero, claro). Estaba bastante gordo y a veces, bromeando, lo llamaba *cow* (vaca). Estaba allí por delitos económicos, por hacer estafas o algo parecido. «*Business crime*», me dijo Thomas, porque el jefe no hablaba ni una palabra de inglés.

También había un hombre muy mayor al que yo llamaba Míster Shirazi porque era de la ciudad de Shiraz. Tuve la suerte de que en cierta forma me apadrinase. Al poco de entrar me dijo que iba a dormir en su celda y que él me cuidaría porque allí había gente peligrosa. En la habitación de al lado, por ejemplo, había un hombre que llevaba seis o siete meses porque le habían pillado con dinamita y, mientras estábamos allí, entró otro que al parecer estaba condenado a morir en la horca. Por los gestos que nos hacía y con la ayuda de otros presos iranís que hablaban inglés, Thomas y yo entendimos que había salido a manifestarse a la calle armado y que lo habían detenido y acusado de terrorismo, aunque él no había disparado a nadie. Solía estar en una de las cuatro celdas que había, y que llamábamos «*terrorist room*».

Dormía al lado de un hombre joven que se llamaba Faras. Faras tenía dos hijos pequeños y por las noches sufría unas pesadillas terribles. Sudaba y se movía como si lo estuvieran torturando. Yo lo despertaba para evitarle el sufrimiento y le ponía un paño húmedo en la frente. Entonces él abría los ojos y me miraba llorando. «Santiago, la mano de mi hijo es así de pequeña. Si ahora estuviera con mi hijo, me la pondría aquí en la cara y me diría papi», me explicaba, medio en inglés medio con gestos. Lo echaba terriblemente de menos. Yo trataba de animarlo como podía: «Tranquilo, amigo, no te preocupes. Yo también estoy muy lejos de mi familia, pero vamos a salir adelante todos juntos». A veces el pobre llegaba a decirme: «No sé si quiero que me despiertes, porque esto es peor que la pesadilla. Cuando abro los ojos y veo dónde estoy, me dan ganas de morirme».

Todavía mantengo el contacto con Faras, que salió del corredor 8 antes que Thomas y que yo y que está ahora en Emiratos. De hecho, le he pedido que me envíe un mensaje para el libro con lo que recuerde de aquellos días. Es éste (traducido del inglés):

Ésta es una historia sobre el amor y el altruismo.

Ahora mismo, mientras escribo esto, estoy sentado frente al Mediterráneo. En la playa y mirando a mis hijos jugar. Estoy libre. La libertad puede parecer algo normal a menos que alguien te la quite. Cuando la recuperas, puedes sentirla, puedes tocarla, puedes incluso olerla.

Ésta es también la historia de Santiago. Mi amigo y mi hermano para siempre. Compartí con él tres días, después de que me trasladaran del corredor 10 al corredor 8. Antes había pasado dieciséis días terribles en un confinamiento en solitario. Era como una tumba. De hecho, así lo habían escrito en la pared: «Ésta es una tumba de vidas». Estaba en árabe. Seguramente el prisionero anterior era de un país árabe.

En el corredor 10 conocí a un joven danés y comenzamos a pasar el 90 por ciento de nuestro tiempo juntos. Hablábamos mucho sobre nuestra vida. En prisión tienes mucho más tiempo del que nunca antes has tenido. No hay teléfonos inteligentes, no hay distracciones, estás sólo tú.

Una noche vinieron los guardias y se llevaron al danés. Nos reencontramos al cabo de tres días en el corredor 8 y nos abrazamos como si hubiéramos estado cien años sin vernos. En ese pasillo al menos teníamos duchas y un frigorífico. Después de dos días, se abrió una puerta grande y ruidosa y vi entrar a un hombre con los ojos entrecerrados. No parecía iraní, y lo sorprendente era que lucía una sonrisa en el rostro. Tenía nariz de boxeador, su piel estaba pálida y comenzó a mirarnos a todos con ojos inseguros.

Se me hizo un nudo en la garganta. Me acerqué, lo abracé y le dije: «Bienvenido al corredor de los inocentes, no hay nada que temer». Luego descubrí que era un español que había llegado desde Madrid, que iba a ver el Mundial de Qatar y que nunca llegó. Su nombre era Santiago, Santiago Sánchez. Hablaba un poco de inglés y de farsi, y me sorprendió con algunas palabras kurdas. Yo era allí el único que podía entenderlas porque era el único kurdo.

Descubrí que Santiago había viajado a muchos lugares y tenía muchos tatuajes sobre recuerdos suyos: una hormiga en un pie, la prisión de Alcatraz, Mike Tyson en la espalda... Empezamos a hablar y compartir todo sobre nuestra vida. Le hablé de mis hijos y de lo mucho que los había extrañado. Fue en aquellos días cuando Santiago y Thomas empezaron a hacer una baraja de póker y me enseñaron a jugar. Todavía hoy juego con mis amigos y familiares, que dicen que se me da bien.

Empecé a aprender algo de español con Santiago, algo que tiene a mis hijos muy impresionados. Ellos no saben dónde estuve exactamente durante aquellos oscuros días. Algún día, cuando crezcan, se lo contaré.

Precisamente una noche tuve una terrible pesadilla en la que aparecían mis hijos. Cuando abrí los ojos, allí estaban Santiago y Thomas. Tomaron mis manos y lloramos los tres juntos. Todavía me emociono y se me saltan las lágrimas al recordarlo.

Cuando salí del corredor 8, mi mente y mi tranquilidad de corazón se quedaron allí, con mis amigos. Al cabo de unos meses, un día mi esposa me dijo que en la televisión había un chico español que acababa de salir de Evin. «Ven aquí y comprueba si es tu amigo», me dijo. ¡Y sí, era él! Estaba en el aeropuerto de regreso a su país. Fue como ver nacer a un niño.

Llamé a Thomas y gritó: «¡Santiago está LIBRE!». Sí, estaba libre. Todos estamos libres ahora. Afortunadamente, todo pasó y ahora queda la experiencia y los recuerdos, además de grandes amistades.

No todo fueron momentos duros aquellos días. También hubo lugar para el juego y las risas. Eso demuestra el carácter resiliente del ser humano, pues incluso en las peores circunstancias somos capaces de sacar fuerzas de no se sabe dónde, de echar mano de un optimismo inagotable y de encontrar ganas de vivir en algún rincón de nuestra alma.

Empezamos, por ejemplo, a hacer juegos. Como explica Faras en su mensaje, con los cartones de leche y un bolígrafo, Thomas y yo hicimos unas cartas hasta completar una baraja de póker entera. Enseñamos a jugar a Faras y con él y otros del grupo jugábamos cuando oscurecía. Incluso hacíamos apuestas. Eso sí, sólo podíamos apostar cosas como una naranja o darle un masaje al ganador. No teníamos otra cosa a mano.

Con Thomas inventamos otras actividades. Por ejemplo, cuando nos daban yogur, doblábamos las tapas hasta que quedaba una punta dura con la que escribíamos en las paredes. Hicimos un calendario en el que íbamos tachando los días. También hicimos dibujos y escribimos frases positivas.

Le he pedido a Thomas, igual que a Faras, que me escriba un mensaje con sus recuerdos sobre aquellos días:

Hola, Santiago:

Esto es lo que recuerdo. El día que entraste en el corredor 8, yo estaba sentado con otros reclusos hablando. Te vi fugazmente a través de la celda en la que estaba sentado e inmediatamente me pareciste una persona muy fuerte. Recuerdo que entraste en mi celda y te di una galleta con *halva* (un dulce hecho a base de pasta de sésamo) y un vaso de leche. Quería que te sintieras cómodo y seguro, darte la sensación de que todo iría bien. Te dije que recordaba haber leído sobre ti y sobre otra mujer italiana llamada Alessia Piperno que habían sido arrestados, pero que nunca había imaginado que terminaría encarcelado contigo.

Fuimos a la pequeña celda «al aire libre», donde podíamos tomar aire fresco, y te pregunté sobre tu historia. Me la contaste con tantos detalles como pudiste y me transmitiste mucha confianza. Intentamos bromear juntos tanto como pudimos, ya que «divertirse» es el mejor mecanismo para afrontar una situación como aquélla. A pesar de que a veces llegaste a llorar, también logramos reírnos mucho.

Unos días más tarde, un chico nuevo entró al corredor. Como siempre, todo el mundo quería saber por qué estaba en prisión, por cuánto tiempo, etcétera. De repente, me señaló y dijo que me había visto en televisión.

Lo miré confundido y pensé que debía de referirse a ti, no a mí. Te señalé y le dije al chico: «Debes de referirte a Santiago, ¿verdad?». Él asintió y dijo que había visto una noticia sobre un posible intercambio entre tú y un terrorista. Inmediatamente pareciste asustado y dijiste que no querías que te intercambiaran con un terrorista. Te pareció horrible, entre otras cosas, porque un amigo tuyo había muerto en un atentado. Te calmé y te dije que en aquella situación no podías elegir. Y quién sabe, si pudieras elegir, ¿dirías que no? En cualquier caso, no era una situación agradable para ti.

En un determinado momento, decidimos crear una baraja de póker. Tardamos aproximadamente una semana en tenerla entera, de hecho, la acabamos sólo dos días antes de que te trasladaran a prisión. Pero de repente todas nuestras preocupaciones cesaron y lo único importante era jugar a aquel juego, del que tú y yo disfrutamos mucho (y siempre ganábamos, jaja).

THOMAS, febrero de 2024

El 21 de enero de 2023 vino a verme Ángel Losada, el embajador.

No lo había visto desde su visita a la prisión de Saqqez el 6 de diciembre del año anterior. Aquel día todavía tenía un aspecto aceptable, porque me habían permitido afeitarme y tenía cierto lustre, pero cuando nos encontramos en Evin, yo ya parecía Robinson Crusoe, o sea, un náufrago que llevaba en una isla desierta meses o años. Tenía una barba muy larga y olía mal, lo cual debió de impactarle cuando nos dimos un abrazo.

Al ver mi aspecto, Ángel se enfadó muchísimo. No se podía creer lo que veía. Le habían asegurado que yo recibiría un buen trato, que podría hacer llamadas y disfrutar de unas buenas condiciones, teniendo en cuenta las circunstancias, pero comprobó que no lo habían cumplido.

Yo, que siempre trato de encontrar la parte positiva a todo, estaba tan contento de verle que quise bromear y le dije riendo: «Ángel, macho, parezco un náufrago». Y él, muy enfadado, me contestó: «Santiago, no te rías, que te acusan de espionaje y te pueden colgar. Esto es serio». Me quedé blanco. Lo recuerdo como si fuera ahora.

Ahí me derrumbé. De pronto me quedé sin fuerzas. Le pedí por favor que solicitara mi traslado a prisión, porque aunque me habían dicho que allí había talibanes y muy mala gente, también me habían contado que tenía más espacio, un patio grande, un *ping-pong*, un economato donde podías comprar comida y más posibilidades de hacer cosas. Yo en aquel corredor estaba en una especie de limbo legal, en una zona de tránsito, como si en realidad no estuviera en prisión, sino a la espera de que decidieran qué hacer conmigo. Si me llevaban a prisión, ya sí que estaba «oficialmente» encarcelado, lo cual podía tener sus desventajas, pero al menos tendría más espacio para moverme y para cuidarme mientras todo se solucionaba. Si es que llegaba a solucionarse, claro, porque después de lo que estaba viviendo y de lo que me había dicho el embajador, ya no estaba seguro de nada.

Ángel me respondió que su idea no era que me ingresaran en prisión, sino sacarme de Evin y que me dejaran en libertad, aunque en aquel momento la cosa estaba complicada. Hablamos sobre el caso de Ana, una chica española, gallega para más señas, que también estaba detenida en Irán, concretamente en Shiraz, y a la que había visitado a finales de diciembre. Afortunadamente, Ángel logró liberarla un mes más tarde, el 23 de febrero de 2023, lo cual me dio a mí esperanzas. Pero no adelantemos acontecimientos...

Al final, cuando ya nos despedíamos, terminé la conversación diciéndole: «Mira, Ángel, no te preocupes, que todo va a ir bien». Se quedó superimpresionado. Se nos estaba acabando el tiempo de la visita, pero le pidió al guardia que esperara un momento. Sacó un cuaderno y anotó: «Santiago me ha dicho que todo va a ir bien». Debía de estar muy nervioso, porque recuerdo que le temblaba la mano al escribir. Aun así, lo apuntó para acordarse y contárselo a mi familia.

Después de la reunión, me volvieron a llevar con los ojos vendados al corredor 8 de la sección del 209. Thomas vino corriendo con las chancletas y se quedó en la puerta con una angustia increíble. «Santiago, por favor, explícame todo lo que has hablado con tu embajador», me pidió, porque allí vivíamos en una incertidumbre permanente y la información era crucial.

Le conté todo lo que habíamos hablado durante la reunión, especialmente una cosa que me había contado Ángel: que el embajador de Dinamarca había tenido que regresar a su país porque había fallecido su madre. Al parecer, Ángel y el embajador danés tenían contacto permanente y muy buena relación. Aquello no le hizo mucha gracia a Thomas, que estaba muy impactado desde que se había ido Faras, con el que había hecho mucha amistad. Así que le dije para tranquilizarlo: «No te preocupes, me ha dicho que los dos vamos a salir pronto». Por supuesto, era mentira.

Aquella noche jugué al póker con los habituales y gané a otro compañero, Mahmoud. Quedamos en que al día siguiente me daría un masaje, pero ese día, el 22 de enero, me llamaron y me dijeron que me iba. Cuando me despedí de él, me dijo: «Amigo, te debo un masaje».

Los guardias me ordenaron que recogiera mis cosas a toda prisa, como en los traslados anteriores. De nuevo nervios y tensión, porque cuando te trasladan no sabes si lo que te espera es mejor o peor. Cogí rápidamente las peores mantas y dejé las mejores en la sección, y también me calcé las peores chanclas para que mis compañeros se quedaran con el mejor material, ya que desde esa sección sólo podía salía libre o ir a la prisión de Evin.

Con la incertidumbre de no saber adónde me llevaban, me pusieron la venda. Mientras me llevaban por el pasillo, el resto de los presos aplaudía y cantaba, como era costumbre cuando se marchaba alguno de los que estábamos allí. Thomas, que estaba muy afectado, me dio un abrazo y me dijo: «¡Mantente fuerte!». A mitad del pasillo me paré, me di la vuelta y le grité: «¡Tú también, amigo! ¡Te quiero! ¡Nos vemos en Europa!». El guardia me ordenó entonces que callara, me volvió a poner la venda y me dio un empujón y ya no pude decir nada más.

Me llevaron en un minibús a la zona por la que había entrado en Evin cuarenta y dos días antes, donde había visto a Mohammed y sus quince «familiares». Allí pasé un par de horas, hasta que definitivamente me dieron en una bolsa mis cosas: el móvil, las zapatillas de deporte, etcétera. Como Evin es una especie de ciudad, como ya he comentado, para cambiarme a la sección donde me enviaban me metieron en un coche y circulamos un rato por dentro de la prisión.

La nueva sección a la que me llevaron se llamaba, según me dijeron, *karentin*, como aquélla en la que ya había estado en Saqqez antes de que me cambiaran. Aquello era, según me dijeron, *«the last station»*, o sea, el último lugar al que te llevaban antes de dejarte en libertad o de ingresarte en prisión. Yo no sabía si sería una cosa o la otra, pero estaba harto de tantos cambios y tanto mareo. Tan malo era que me dejaran en una celda sin decirme nada como que me llevaran de un sitio a otro sin aclararme adónde iba ni cuándo me iban a soltar.

Ahí tenía acceso a llamadas, pero sólo dentro de Irán. Intenté llamar a la embajada para ver si me podían aclarar adónde me llevarían y, sobre todo, si estaba previsto que me dejaran en libertad, pero debían de tener las llamadas restringidas o capadas, porque fue imposible.

Me dijeron que estaría allí entre 24 y 48 horas, pero ni siquiera eso fue verdad: me tuvieron seis largos días sin poder llamar a nadie y con el corazón en un puño. Además, creo que tuve COVID, porque perdí el olfato y me encontraba fatal. Lo pasé mal, tanto por el virus como por la incertidumbre, que es un virus todavía más dañino. Algunos guardias, además, se reían de mí, hacían mofa. Me llamaban «Santiago Bernabéu» y se reían. Esto me sentaba muy mal. Apretaba los dientes y pensaba: «Joder, si vosotros supierais el daño que me estáis haciendo con el mero hecho de reíros y no tratarme como a un ser humano normal...». Aun así, yo siempre les regalaba una sonrisa. Ésa era mi moneda de cambio.

Después de esos largos y penosos días, me trasladaron definitivamente a la prisión, también dentro de Evin, pero en una zona ya más estable, por llamarla de alguna manera.

Estábamos a finales de enero. Ni siquiera me podía imaginar que todavía me quedaba casi un año de estar entre rejas.

7

Llegada a la sección de espionaje

La prisión de Evin es un mundo, un universo. Viéndola en Google Maps, desde el aire, uno puede hacerse una idea de su complejidad, pero desde dentro todavía impresiona más. Hay muchas zonas y espacios. Está, por ejemplo, la zona de las mujeres, la zona de las visitas y una donde hay unos calabozos bastante siniestros, por lo que me contaron. Después del paso por la zona de *karantin* me trasladaron a un edificio con varias plantas y diferentes patios interiores. Ese edificio estaba dividido por zonas o secciones. En la sección 4, por ejemplo, estaban las personas que habían cometido delitos financieros. A mí me llevaron a la sección 1, la de los espías, a pesar de no serlo y de que ellos lo sabían perfectamente.

En aquella sección todos estábamos, como he dicho, por temas relacionados con el espionaje, muchos ya condenados y otros preventivos, como yo. El trato que recibí al llegar fue un poco diferente a lo que había vivido hasta ese momento, un poco como si fuera un «invitado». Eso sí, un invitado al que tenían preso. Me enseñaron las instalaciones y me trataron con el respeto que, por otra parte, el pueblo iraní suele mostrar con los extranjeros. Porque no hay que olvidar que una cosa son los gobiernos y los regímenes políticos, y otra las personas, el pueblo. Y los iraníes, en general, son amables y acogedores con los extranjeros, diría de los más amables que he conocido (lo sé porque estuve allí en mi viaje anterior, el que hice en bicicleta).

Cuando me presentaron a mis nuevos compañeros, empecé a preguntar por sus historias. Los había que llevaban allí tres años, cinco, ocho... Algunos incluso estaban condenados a muerte. La cosa no era para estar muy animado, la verdad. No daré sus nombres por no comprometerlos, pero algunos ya son conocidos y su caso ya es público. Por ejemplo, Kamran Gaudry, un sueco-iraní que fue liberado durante aquellos meses después de ocho años en prisión mediante un intercambio en Omán por un terrorista iraní que estaba en Suecia. Vale. O Ahmad al Jalali, un señor mayor condenado a muerte cuyo caso es muy conocido. O Kamal Amirbeik, del que hablaré con detalle más adelante, diplomático en Venezuela cuyo delito fue tomarse un café con un estadounidense. Cuando yo llegué, llevaba encarcelado más de siete años, y allí sigue. Está condenado a diez.

Las penas por espionaje van desde los diez años hasta la pena de muerte. Te pueden tener en prisión preventiva lo que quieran, desde un día hasta dos años. Yo estuve catorce meses hasta que me llevaron ante un juez, concretamente, a uno al que llaman «el juez de la horca». ¿Te imaginas por qué?

Desde el principio me resistí a tener un abogado porque sabía que era inocente y no podía entender que fueran a juzgarme. Estaba convencido de que todo era un malentendido que en cualquier momento se solucionaría y que me dejarían en libertad. Sin embargo, un día vino a verme el embajador español y me mostró un folio con una lista de cinco abogados. Leí sus nombres, todos eran persas: Mahmud, Tabi, Saadí... Por supuesto, no conocía a ninguno. «Tienes que elegir uno, Santiago, a nosotros no nos dejan elegir por ti», me dijo Ángel Losada, aunque con el mentón trató de señalarme uno de los cinco. No podía señalarlo con el dedo, porque lo tenía que elegir yo, así que lo hizo con gestos de la cara. Luego me dijo que aquel, al parecer, era bueno y que era el que había escogido mi familia. También era el más caro: 9.000 euros la primera visita.

La primera visita del abogado fue en febrero de 2023. Me dijeron «*vakil*», que significa abogado, y al principio me sentí animado, porque parecía que al menos se movían las cosas. Me esposaron y me llevaron en autobús a otra zona dentro de la prisión-ciudad de Evin. Una vez allí, pude hablar con el abogado con un cristal de por medio, como en las películas. El hombre tenía los dientes negros y los dedos amarillos del tabaco, y no hablaba español ni llevaba traductor. La conversación fue en inglés: «*Hello, good morning. How are you, Santiago? Don't worry, we know you are innocent, your case is about politik*». No te preocupes, tu caso es político, pronto vas a salir, aunque esto lleva tiempo. Eso es lo que me dijo el abogado. Se acercaba el *nouruz*, el Año Nuevo iraní, que se celebra en marzo, y según el abogado el gobierno solía liberar a muchos presos por esas fechas como una especie de medida de gracia. Luego supe que es cierto, pero liberan a presos comunes, no a los acusados o condenados por espionaje. Al final, me prometió que en un mes estaría fuera. Pero pasó ese mes, y otro y otro... Me visitó un par de veces más, pero sus promesas nunca se cumplían y decidí que no quería verlo más. Que me diera esperanzas y luego no se cumplieran era una tortura. Así que llamé varias veces a mis padres para decirles que despidieran al abogado, que no viniera más.

Al final, resultó que el juez que me juzgó no aceptaba abogados. Pero de eso ya hablaré más adelante.

Durante febrero y marzo fui acomodándome en mi nueva ubicación. El edificio era bastante grande, tenía tres plantas. En la primera se recepcionaba la comida y estaban los presos con enfermedades que les impedían moverse. En la segunda había una mezquita, una biblioteca, un taller de madera, del que hablaré más adelante, y un gimnasio. Y en la tercera estaban las diferentes secciones: la de estafas, la de presos políticos y la de espionaje, que era la mía.

Me pusieron en una celda con otros ocho presos. Había nueve literas, cada una ocupada por una persona. La mayoría dormían abajo y utilizaban la parte de arriba para dejar cosas. Me llamó la atención que todo estaba forrado con plásticos. Luego supe que era porque había *bedbugs*, o sea, bichos que se metían entre las sábanas o entre la ropa. La forma de atraparlos era con celo. Todavía tengo algunos pegados en uno de mis cuadernos de recuerdos.

En aquella sección las cosas eran diferentes. Teníamos nevera, televisión, duchas, un patio propio y acceso a un economato y a una cocina con un horno. También había una habitación con una lavadora. Estaba cerrada con llave y el acceso lo gestionaba uno de los presos, como casi todo en aquella sección, pues había cierta libertad de movimientos. No se puede decir que fuera un hotel de cinco estrellas, pero, viniendo de donde venía, me pareció todo un lujo. Se notaba que allí los presos llevaban ya tiempo instalados y que a muchos les quedaba todavía condena por delante.

En aquella sección de Evin no nos daban nada, pero con dinero podíamos conseguir muchas cosas. Enseguida empecé a tener acceso a llamadas, aunque los servicios secretos me las limitaron a sólo diez números: mi madre, mi hermano Paquito, mi amigo Coque y otros a los que mencionaré más adelante. También conseguí una tarjeta de un banco iraní que me permitía comprar cosas en el economato. Empecé así a tener acceso a un montón de productos, tanto legales como ilegales. La fruta y la ropa, por ejemplo, se podían adquirir legalmente, menos las uvas, pues los presos hacían vino artesanal y eso no estaba permitido. Tampoco estaban permitidas otras cosas como la cerveza, aunque se podía conseguir. A mí al principio me dieron a probar una especie de cerveza artesanal que hacen allí, pero nunca más la volví a beber.

En aquellos inicios en Evin, hacia febrero de 2023, hablaba con cierta frecuencia con Mar, la cónsul en Teherán. Nunca podré agradecerle lo suficiente el apoyo que me dio. Creo que conmigo hizo un máster en Psicología. Me hablaba, me escuchaba y me ayudaba a lidiar con las peores emociones, como la soledad o la incertidumbre.

Por un lado, no quería acomodarme mucho porque seguía teniendo la esperanza de que en cualquier momento me dejaran en libertad. Por otro, ver que mis compañeros vivían allí, con todo lo que eso supone, me hacía pensar que lo mío podía ir para largo y que tenía que estar lo mejor posible, teniendo en cuenta las circunstancias. Era un sentimiento raro: la mente quería huir, pero el cuerpo aceptaba que era imposible y trataba de buscar acomodo. Gracias al dinero que me enviaban desde España la familia y los amigos, que hicieron un grupo de WhatsApp para organizarse, encargué una mesa, una silla, una almohada y un colchón. Era, dentro de aquel entorno, un privilegiado. Sólo comí la comida de la prisión el primer día, después todo lo que comía lo compraba en el economato.

Como decía, a los pocos días de instalarme, empecé a tener acceso a llamadas, primero a la embajada y luego a mi familia. El problema es que eran llamadas internacionales y eran carísimas, casi un euro el minuto. Al principio mi familia envió 1.500 euros a la cuenta de la embajada y me duraron veinte días. Llegó un momento en que no quería llamar a mi familia por no hacerles gastar tanto dinero. Me sentía fatal por ser una carga para ellos. Mi familia, claro, me decía que no pensara en eso, que lo importante era salir de allí.

Mis amigos españoles crearon un grupo de WhatsApp y me dijeron que les pidiera dinero para comprar comida, ropa, libros o lo que necesitara. Así que empecé a pedirles que me enviaran dinero cada semana, unas veces más y otras menos. Al cambio no era mucho, porque allí la comida es más barata que en España y ellos lo sabían. Por eso, a veces se extrañaban de que se me acabara tan rápido el dinero, y alguno, en broma, decía: «Pambu, sabiendo cómo eres, no me extrañaría que le estuvieras dando de comer a toda la prisión».

A toda la prisión no, pero la verdad es que procuraba echar una mano con la comida a algunos compañeros que lo pasaban mal. Yo allí dentro era, pese a las circunstancias, un privilegiado, pues había gente que estaba mucho peor. Recuerdo, por ejemplo, a unos presos que durante un tiempo dejaban migas de pan en una ventana para que vinieran palomas y poder cazarlas y comérselas. Aquello me horrorizaba, así que mi manera de evitarlo era destinar una parte del dinero a organizar comidas e invitar a los compañeros de la sección. De ese modo, de paso, también creaba buen ambiente en el grupo.

Al poco de instalarme me enseñaron la biblioteca y el taller de madera, donde pasé muchísimas horas durante los meses siguientes. Otros presos empezaron a interesarse por mí. Algunos conocían ya mi historia y otros querían conocerla. Como podía, con algunas palabras en inglés y otras en farsi, les explicaba mi peripecia hasta llegar allí y se quedaban muy sorprendidos. Me trataban con cierta deferencia. En parte me consideraban una especie de invitado, a pesar de que todos estábamos presos.

Prácticamente todas las actividades estaban organizadas o coordinadas por los propios presos. Los guardias sólo venían a hacer recuento una vez por la mañana y otra vez por la tarde. Todo lo demás lo gestionaban los presos. Eso sí, dentro de la sección había cámaras y estábamos controlados. Además, como supe luego, algunos de los presos se chivaban si veían algo raro.

El dueño de la tienda de comestibles no era un preso, sino un chico que venía desde fuera de la prisión. Al principio no me sabía las palabras de los alimentos en farsi, ni siquiera en inglés, por lo que cuando iba al economato tenía que acompañarme alguien o tenía que entrar más allá del mostrador y pedir las cosas señalándolas con un dedo. Pero al final lo aprendí todo en farsi, incluidos los ingredientes de un bizcocho que me gustaba mucho hacer para compartirlo con el resto de los presos.

Un día tuve un pequeño altercado con el chico que llevaba el economato. Encargué una camiseta y pasé detrás del mostrador para probármela. Él se puso nervioso, me dijo algo que no entendí y me dio un manotazo que me rompió el labio. Me fui de allí supercabreado y me senté en el taller de madera. Por el camino me crucé con un guardia que me preguntó qué me había pasado, pero le dije que no era nada. Se me acercaron un par de presos de los más peligrosos de la sección y, cuando entendieron lo que me había pasado, dijeron que se lo iban a hacer pagar al de la tienda. Yo les dije que no, que por favor no le hicieran nada.

Al final, el chico de la tienda vino a hablar conmigo y me pidió perdón. Me dijo que tenía que dar de comer a sus hijos y que por favor no dijera nada. Debía de temer alguna represalia. Acepté sus disculpas y todo quedó en una anécdota.

Empecé a ir al gimnasio y a dar clases de boxeo a unos chicos. Eso sí, las condiciones eran muy precarias. Los guantes eran toallas enroscadas y la comba, un cable de la luz. De vez en cuando pedía cosas a la embajada, y algunas me las conseguían, como una red de voleibol, pero los libros tardaban mucho en llegar. Cuando venía alguien de la embajada a verme, le pedía libros. Me los traían en la siguiente visita, que era al cabo de un mes y medio o dos meses, pero luego los libros se los quedaban tres o cuatro meses más los servicios secretos, supongo que para examinarlos. Total, tardaban seis meses.

Afortunadamente, allí dentro había presos que tenían mucho poder. A uno de ellos, que estaba en la sección de crímenes financieros, le dije un día: «Necesito leer en mi idioma, porque noto que lo estoy olvidando». Y era verdad. Como apenas lo practicaba, y además estaba aprendiendo farsi a marchas forzadas, tenía la sensación de que lo estaba perdiendo. El tipo me dijo: «Dime qué libros quieres, amigo». Le hice una pequeña lista y al cabo de unos días apareció en mi sección con dos libros en español.

Más adelante supe cómo lo hacían. Se iban a una librería online, lo descargaban y lo imprimían por un dólar. Piratería total. Por una parte me sentaba mal que piratearan libros que alguien se había molestado en escribir y que originalmente costaban 20 euros, pero era la única manera que tenía, estando allí, de leerlos. Llegué a tener una pequeña biblioteca de casi treinta libros: *El chico de las musarañas*, de Ana Obregón, que me llegó al alma y con el que lloré mucho, y *En la oscuridad*, de Antonio Pampliega, que ya había leído anteriormente y que me ayudó en mi calvario, porque Antonio pasó diez meses secuestrado por la rama de Al Qaeda en Siria.

Dejé muchos de aquellos libros en la biblioteca a modo de donación, la mayoría con un texto diciendo algo así como: «Espero que nunca nadie tenga que usar este libro». Porque si alguien algún día los lee, probablemente será porque es un español o un latinoamericano que tiene que pasar por una experiencia como la mía.

Todas aquellas lecturas me animaron a pensar que yo algún día, cuando saliera de allí, escribiría un libro explicando mi historia y lo que viví durante aquel año y pico. Y que lo haría para ayudar a los demás, especialmente a los que viven situaciones vitales difíciles, complicadas, y necesitan una motivación para salir adelante. Y aquí estoy, cumpliendo con la promesa que me hice a mí mismo.

La música no tiene muy buena prensa en Irán, sobre todo, la música alegre o de baile. Por ejemplo, tú no puedes ir con el coche escuchando música y cantando. Esto para mí es una pena, pero no voy a criticarlo porque he decidido que en este libro no quiero criticar a nadie por sus creencias o sus costumbres. Mis viajes me han hecho conocer gente de muchos países y en cada uno tienen sus leyes y tradiciones, y yo no soy nadie para cuestionarlas.

Pero a lo que iba: en Irán no está bien visto escuchar música, incluso está prohibido hacerlo en público. Esto para mí era una tortura, porque la música es una parte esencial de mi vida. Es algo que me alegra el alma. Así que, como algunas cosas se podían conseguir con dinero o con favores, un día le escribí a un preso en un folio una lista de canciones, encabezada por *Caminar*, de Dani Martín, y unos días después su mujer coló un reproductor de MP3 en un vis a vis con la mayor parte de ellas.

Cuando la primera noche, a escondidas y en soledad, escuché las canciones, me pegué un hartón de llorar, sobre todo, cuando escuchaba una y otra vez *Caminar*, cuyo estribillo dice así:

> *Caminar,*
> *poner sonrisa a cada paso y respirar.*
> *Será bonito lo que quede por llegar.*
> *Mirar al frente y no bajar la vista nunca más.*
> *Retirar*
> *la cara rara, la que no deja avanzar.*
> *Quitar los miedos, que se vayan a pasear,*
> *y que septiembre no nos quite la ilusión jamás.*
> *Voy caminando*
> *y a esta herida*
> *le queda un rato todavía.*
> *Despertar y que pase la verdad.*
> *Llegó la hora de empezar.*

Fue naciendo en mí una idea: compartir las emociones de la música con mis compañeros de prisión. Mis compañeros me respetaban y no tardaron en cogerme aprecio, supongo que porque veían que siempre que podía los ayudaba. Había de todo, claro. Algunos iban a su rollo y no se mezclaban mucho, pero en general empecé a notar que me iban cogiendo cariño. Procuraba ayudar a todo el mundo, incluso a los que llegaban nuevos. Cuando entraba un nuevo preso, a menudo le daba algunas de mis cosas y le preparaba la cama para que se sintiera a gusto y durmiera mejor.

Algunos de mis compañeros hicieron también cosas para corresponderme. Por ejemplo, cuando venían sus mujeres a verlos, me traían regalos, como camisetas, comida o un pastel. Se fue creando un ambiente de compañerismo e incluso de amistad con muchos de los presos.

En ese entorno se me ocurrió la idea de Evinvisión, o sea, montar una especie de Eurovisión en la prisión de Evin. Incluso para alguien como yo, que tengo costumbre de ir a hospitales y disfrazarme de payaso para alegrarles un ratito la vida a los niños, aquello era una idea muy loca. Pero cuando no tienes mucho que perder, las mejores ideas son ésas.

Yo iba canturreando arriba y abajo canciones españolas, como *Amor mío*, de los Gipsy Kings, y ya empezaba a chapurrear algunas canciones iraníes. Así que se me ocurrió que podíamos montar una especie de festival para alegrarnos la vida donde hubiera canciones en español, en inglés y en farsi.

No fue una cosa de un día para otro. Tardamos, de hecho, un par de meses en organizarlo. En ese tiempo, yo de vez en cuando llamaba a mi familia para que me dictaran las letras de algunas canciones que me gustaban o para que me las pusieran al teléfono para hacer memoria. Recuerdo, por ejemplo, que les pedí *El sitio de mi recreo*, también de Antonio Vega; *No dudaría*, de Antonio Flores; *Al alba*, de Luis Eduardo Aute e interpretada por José Mercé; *La canción del mariachi*, de Los Lobos, cantada por Antonio Banderas, y *Despacito*, de Luis Fonsi, que era una canción que a los presos les gustaba mucho.

A veces me cruzaba con un compañero por el pasillo y lo escuchaba que iba tarareando y preparándose. Algunos estaban muy entusiasmados y discutían entre ellos, de buen rollo y entre risas, para ver qué canción les molaba más. Incluso alguno, desafiando las normas, se arrancaba espontáneamente con unos pasos de baile.

Cuando ya tuve todas las canciones, con sus títulos y sus letras, un día nos fuimos a una sala y con una guitarra montamos el festival. Yo canté *Caminar*, de mi querido Dani Martín, que es una de mis canciones preferidas y que siempre me emociona. Los presos lloraban cuando les conté por qué la había escogido. Pero, fuera de ese momento tan emotivo, la mayor parte del tiempo reímos y disfrutamos. La música es un lenguaje universal que une a los seres humanos. Por favor, que nadie prohíba nunca la música.

Cuando ya empecé a hacerme con el lugar, me dio por organizar todo tipo de actividades. Por ejemplo, partidos de voleibol, torneos de ajedrez y partidos de fútbol como los que organizaba en 2020 en el campo de refugiados de Nea Kavala. La verdad es que la gente de la embajada española en Irán se portó muy bien, porque además de los guantes de boxeo, las vendas, las manoplas, la red y la pelota de vóley, me enviaron también un balón de fútbol y zapatillas para que los presos pudieran jugar con un mínimo de dignidad. Lo pagaba con el dinero que me enviaban mi familia y mis amigos, a los que aprovecho para agradecerles su ayuda, sin la cual no hubiera podido hacer casi nada de lo que hice en Evin.

Así que empecé a montar partidos a menudo. A veces incluso venían chicos de otras secciones a jugar, lo cual complicaba un poco las cosas, porque se arriesgaban a algún tipo de castigo. Como ya he comentado, había cámaras en muchos lugares, por lo que podían verlos hablar con nosotros, que estábamos acusados o condenados por espionaje. Por ejemplo, los presos políticos de la oposición al régimen asumían un riesgo importante al hablar con los de la sección de espionaje. Pero el deporte, como la música, también es un lenguaje universal que une a personas de todos los países del mundo, de todas las razas y de todas las ideologías.

Al final, monté incluso un Madrid-Barcelona. Cualquiera que nos hubiera visto, habría alucinado. Le pedí a la embajada que me consiguiera, además de un balón y zapatillas, siete camisetas del Real Madrid y siete de Fútbol Club Barcelona (la mayor parte de los gastos iban a cargo de mi familia, que iba ingresando dinero en una cuenta de la embajada). Me las trajeron... ¡y organicé un clásico dentro de la prisión de Evin! ¡Lo nunca visto!

Aquello me animaba, porque estaba consiguiendo superar el sufrimiento de los primeros meses y transformarlo en superación, motivación, fe y esperanza. Ahora bien, todavía me quedaban bastantes meses de convivencia con mi sombra y con mis demonios. Me quedaban por vivir algunos momentos muy duros.

Hoy es un día muy significativo para mí. Hoy empieza el ramadán, *rushe* en farsi. Lo practican muchos musulmanes, y por tanto muchos iraníes, porque el islam es la religión oficial del país. Durante los treinta días que dura, realizan un ayuno que consiste en no comer ni beber nada durante el día, es decir, mientras hay luz del sol.

Hace justo un año lo viví en la prisión de Evin. Más adelante hablaré también de la mezquita, donde viví muchas anécdotas, pero hoy, ya en España, me he acordado de mis compañeros porque justo empieza el ramadán. Y porque he decidido hacer un ayuno en su honor.

No me he convertido al islam ni nada parecido. Además, no quiero hablar de religión en este libro. El hecho de que yo hoy empiece un ayuno no tiene nada que ver con la religión, sino con la solidaridad con mis excompañeros de Evin, a quienes hoy tengo muy presentes.

Viví aquel mes muy intensamente porque uno de mis compañeros de celda, Mehdi, era muy religioso. No todo el mundo cumplía con los preceptos del ramadán, pero él lo hacía a rajatabla. Empezó y decidí acompañarlo. Me dijo: «No, Santiago, tú no tienes por qué hacerlo». Pero a mí se me rompía el alma cuando me tomaba un té en la mesa sabiendo que él estaba pasando hambre. Así que decidí acompañarlo y tomármelo como un ayuno.

Fue una experiencia muy bonita. Cuando ya se iba el sol, tomábamos un té y un dátil, y luego Kamal, del que hablaré en el siguiente capítulo, nos preparaba una buena cena.

En realidad no lo hice entero, porque este compañero salió de permiso cuando llevábamos sólo una semana de ramadán. La mañana en que se marchó le dije a Kamal: «Anda, hazme un café, que Mehdi se va. Y no voy a hacer yo solo el ramadán».

Así que hoy he empezado un ayuno en honor a Mehdi y a los compañeros musulmanes que todavía están en prisión. Como Kamal...

Marzo de 2024

8

Kamal Amirbeik

La vida me quitó muchas cosas durante esos quince meses entre rejas, pero también me dio maravillosos compañeros de viaje. Algunos de ellos ya son amigos para siempre, como Kamal Amirbeik.

El caso de Kamal es muy peculiar. Cuando llegué a la sección 1 de Evin era la única persona que hablaba español. Había trabajado durante veinte años como diplomático para el gobierno iraní y, durante esos años, había pasado tiempo en varias embajadas, entre ellas la de Venezuela. Justo en ese país es donde aprendió castellano y donde cometió el error que lo llevó a prisión acusado de espionaje: tomarse un café con un estadounidense.

Mientras escribo esto, me debato entre poner el nombre real de Kamal o uno inventado, pues él sigue en la prisión de Evin y no querría que mis palabras le complicaran su estancia allí. He decidido finalmente que sí, porque lo contrario sería faltar a la verdad, y eso es algo que no va conmigo. Y porque creo que se tiene que saber lo que pasa en el mundo y cómo algunas personas maravillosas y con gran corazón pueden ser víctimas de regímenes muy severos y, a mi modesto modo de ver, injustos con algunos de sus ciudadanos.

Cuando llegué a la sección 1, empecé a oír a algunos presos pronunciando mi nombre, cosa que me pareció extraña. Resultó que estaban llamando a Kamal, que apareció en la recepción al cabo de poco: un hombre de unos cincuenta, calvo, bajo y delgado al que le faltaba un diente. Me saludó en mi idioma y me hizo tanta ilusión que le correspondí como si lo conociera de toda la vida. Venía con otro preso que se presentó como Mohammed K, un joven ingeniero de unos cuarenta años, como yo, que también hablaba un poquito de español y al que más adelante di clases para que lo perfeccionara.

Desde aquel día, Kamal fue no sólo un compañero de prisión, sino a ratos un padre y otros un amigo. Nos convertimos en un tándem: pasábamos la mayor parte del tiempo juntos, jugábamos juntos y bromeábamos juntos. Hacíamos la compra y él cocinaba porque quería tratarme como a un invitado. En la nevera teníamos nuestro propio espacio compartido, además de una pequeña despensa en la parte de arriba de una litera. Así fue durante los diez u once meses que compartimos en Evin.

Kamal me explicó que llevaba más de siete años allí y que estaba condenado a diez. También me contó que tenía una hija, Kimia, que en el momento en que lo detuvieron era pequeña, tenía sólo doce años. La pobre tuvo que presenciar cómo apresaron a su padre, cómo lo llevaron esposado a su casa y cómo lo registraron todo. Tal vez fue eso, y los años que llevaba ya en prisión, lo que convirtió a Kamal en una persona triste y apagada. Llegó a confesarme que, efectivamente, llevaba unos años muy triste, sin fe ni esperanza. Y yo, que en cuanto veo la oportunidad de ayudar me tiro de cabeza, me propuse alegrarle la vida.

Kamal tenía la posibilidad de disfrutar de un permiso cada cinco o seis meses, pero había perdido incluso las ganas de salir. Le daban una semana, pero como vivía en una ciudad al sur, muy lejos de la capital, perdía la mayor parte del tiempo en ir y volver.

Cuando lo conocí, Kamal tenía cuarenta y nueve años, pero poco después, en abril, cumplió cincuenta. Le hice un regalo muy bonito: un cuaderno con textos y firmas de un centenar de personas de la prisión. También le hice un colgante de madera con su nombre, y más adelante otros para su hija, su mujer, su hermana y su sobrino. Aprendí a hacerlos en un taller de madera al que me apunté poco después de ingresar en aquella sección.

Paseábamos por la sección hablando o cogidos por el hombro, y yo le iba enseñando expresiones en español que utilizo a menudo como «joder, macho» o «vaya tela», que él repetía con un acento muy gracioso, aunque a él no le gustan las palabrotas. En realidad, la mayor parte del tiempo hablábamos en inglés, pues él lo habla muy bien y se sentía más cómodo que hablando en español.

Kamal me presentó a todo el mundo en la prisión y me hizo de traductor durante las primeras semanas, hasta que empecé a manejarme un poco con el farsi. Así fuimos creando poco a poco una relación muy bonita. Lo animé a volver a jugar a fútbol, cosa que había dejado de hacer y que hacía muy bien, y a vóley. A veces, cuando lo notaba bajo de energía, lo cogía por la nariz y le decía: «Vamos, *tronqui*». Llegó un momento en que la confianza era tan grande que nuestras escasas pertenencias estaban mezcladas, eran tanto del uno como del otro. Las de Kamal eran mías y las mías eran suyas. No teníamos ni que pedirlas. Cuando llamaba a mi madre, a veces le pasaba el teléfono y hablaba con ella. Yo les dejaba hablando y me iba, y luego me contaban las cosas bonitas que les había dicho. Ése era ya nuestro nivel de confianza y amistad.

Poco después de entrar en la sección 1 me apunté a un taller de madera. Iba todas las mañanas menos las de los jueves y los viernes, que para los iraníes es como el fin de semana nuestro, o sea, para ellos el jueves es como nuestro sábado y el viernes como nuestro domingo. Esos días estaba cerrado.

En el taller de madera tenía mi silla, mi mesa, mis serretas, mi lija y mis maderas, que podía comprar con el dinero que me mandaban mis familiares y amigos. También teníamos unas garrafas con té y con café, y el ambiente era agradable, de buen rollo.

Kamal nunca se apuntó al taller, no le gustaba. Él prefería ir a la biblioteca y cocinar. Le encantaba cocinar y lo hacía muy bien. La verdad es que en prisión era difícil comer bien, pero como yo tenía dinero para comprar comida y Kamal era muy buen cocinero, durante aquellos meses comí bastante bien.

Se me daba bien hacer unos colgantes de madera calada con un nombre, y durante el tiempo que estuve allí hice muchos, no sólo para Kamal y su familia, sino también para otros presos, e incluso para algunos guardias que se portaban bien con nosotros. Estaban, por ejemplo, los que nos dejaban acabar los partidos de vóley cuando llegaba la hora de recoger y nos faltaba poco. Yo les decía: «*Please, wait*», y algunos de ellos, los más comprensivos, que sabían que aquél era nuestro único momento de entretenimiento del día, a veces nos dejaban acabar el *set*.

Esto hacía que la gente se sintiera agradecida y quisiera devolverme de alguna forma el regalo. Se creaba así lo que yo llamo una cadena de favores, que nos hacía sentir a todos, a pesar de estar encerrados allí, parte de un gran grupo llamado Humanidad. Lo había vivido durante mis viajes, tanto el primero a Sudamérica como el segundo en bicicleta, y como aquel último que había hecho a pie: la gran generosidad generaba más generosidad y, al final, siempre tenía premio.

En las siguientes fotos puedes ver algunos de esos colgantes:

Mientras escribo esto, recuerdo algunos momentos especiales de hace justo un año. Por ejemplo, la cena de fin de año, que en Irán se celebra a mediados de marzo. Por suerte, los servicios secretos no me quitaron todos los cuadernos en los que escribía mi diario. Conservo, por ejemplo, un cuaderno con una entrada del 20 de marzo de 2023. Dice así:

La última noche del año en Irán se suele comer una clase de arroz blanco con especias llamado *sabzi polo*. Eso es lo que hemos comido en la prisión de Evin hoy día 20 de marzo, ya que es lo más típico. Amram cocinó un pescado muy bueno y una ensalada de cebolla con un ingrediente secreto, también muy buena. Kamal se encargó del arroz, que también le salió muy bien, y los demás nos encargamos de mover los bigotes. Sólo éramos cinco personas en la habitación porque a muchos les han dado permiso para salir en el cambio de año, que aquí llaman *nouruz*. Todos los años se celebra a una hora distinta, ya que el calendario es distinto al español. Esta fiesta se celebra en unos trece países de Oriente Medio.

A las nueve y cuarto estábamos a punto de irnos a dormir cuando apareció por la puerta Saab, un compañero que salió de permiso hace una semana y al que hicieron regresar justamente en este día tan señalado. Todos le preguntaron y ninguno se podía creer que le hubieran hecho regresar. Kamal le ayudó a hacer su cama. Mientras hablaban, se enteró de que no había cenado. Y como había sobrado mucha comida de la cena, le calentaron un plato y ahora está cenando él solo en su silla mientras miramos una película.

El diario sigue relatando los hechos del día siguiente, el Año Nuevo iraní:

Primer día del año en Irán y todo sigue igual. Es muy difícil romper la monotonía. Aquí dentro todos se despiertan a la misma hora. Preparan el agua para el té, que toman en el patio mientras fuman un cigarro o están al sol. Esta mañana, antes de entrar en el baño, escucho una voz que me dice: «Hey, Santi, amigo, *nouruz mobarak, happy New Year*». Era mi amigo Sayat, que me regaló esa frase con una gran sonrisa que nunca olvidaré. Después en el patio sucedió lo mismo. Todos se felicitaron el Año Nuevo deseándose mucha salud y una libertad muy próxima. Hoy algunos presos cocinaron algo especial y diferente para comer con sus compañeros de habitación. De regreso a la mía, vi a Morteza barriendo el suelo del patio a la vez que bailaba con el palo de la escoba. Una canción que sonaba de fondo le hacía recordar las Navidades con su familia. Giré la cabeza y vi que se unían otros bailarines a Morteza, formando un grupo. Muchos levantaron cuatro dedos de la mano para decirme que a las cuatro jugáramos a vóley en el patio. Yo asentí con la cabeza.

Hoy han venido dos chicos jóvenes de la sección 4 expresamente para felicitarnos el año. Tomamos unos dulces y charlamos un rato con ellos y es un momento muy bonito y emotivo, ya que es un gesto de mucho respeto venir aquí con sus mejores deseos. Cuando se acercó la hora de comer, Kamal me preguntó qué tal iba de hambre. Le dije que me adaptaba a él sin problema. Al rato le vi coger algunos vegetales de la nevera, una sartén y demás utensilios de cocina. Desapareció, mirándome por encima del hueco entre sus gafas y sus ojos, bajando un poco la cabeza y sonriendo. Luego me acerqué a la cocina para preguntarle si necesitaba algo. Muy serio, mirándome a los ojos, me dice que sí. Yo le dije: «Claro, amigo, dime qué necesitas». Y respondió: «Santiago, sólo necesito tu sonrisa». Creo que sobran las palabras.

Algunas noches Kamal tenía pesadillas y lo pasaba muy mal, como mi amigo Faras, con el que había dormido cuando estuve en el corredor 8 de la sección 209 de Evin, unos meses antes. Kamal se ponía a temblar mientras echaba una siesta, como si lo estuvieran electrificando, y yo iba y lo movía un poco: «Kamal, Kamal, ¿qué te pasa?». Abría los ojos y me decía: «Estoy muy cansado, muy cansado...». Y yo trataba de tranquilizarlo: «Tranquilo, todo irá bien. Venga, anímate, vamos a tomar un té». Entonces iba a preparar té para los dos y nos sentábamos a charlar y a hablar del futuro, de nuestros sueños y de cómo los haríamos realidad cuando saliéramos de allí.

Una de las cosas que nos ayudaba mucho era escribirnos cartas o notas uno al otro dentro de la cárcel. Era una especie de juego que empecé yo. Le escribía notas y se las ponía sobre la cama. Ponía, por ejemplo: «Amigo, no te preocupes, todo va a ir bien. Nos va a ir bien. Cuando salgamos de aquí tenemos una misión». Y luego él me devolvía la carta con otro mensaje positivo o alguna reflexión.

Un día Kamal me acompañó a la sección 4. Todos los presos querían invitarme a comer y conocerme, porque para ellos era como una atracción. En aquella sección, que era la de los delitos financieros, se respiraba otro ambiente, menos cargado que en la sección 1, donde había presos con condenas más largas y donde la mayoría iba a su rollo. Incluso había momentos de mucha tensión.

En la sección 4 estaba todo muy cuidado y muy limpio. Incluso el patio estaba superlimpio. Me sorprendió que la celda a la que me invitaron a comer tenía el suelo alfombrado y un cocinero buenísimo llamado Sam. Me ofrecieron de primero unos canapés, luego un pollo en salsa y al final un postre artesanal con café, leche de máquina y hasta unos chocolates. Fue un momento muy agradable, la verdad.

Cuando nos despedimos y Kamal vio mi cara, me preguntó: «¿Te ha gustado?». Le dije que sí, que mucho. Y él, que por encima de todo se preocupaba por mi bienestar, me dijo: «Si quieres podemos pedir el traslado. Si escribes una instancia y pagas algo de dinero a los guardias, te pueden trasladar». No creo que hubiera sido tan fácil, pues yo estaba encerrado por espionaje, pero lo cierto es que nunca llegué a pedir el traslado. Es cierto que el ambiente era mejor, pero yo prefería seguir con Kamal. Me parecía una infidelidad dejarlo allí e irme a una sección mejor.

Con el tiempo, hice buenas amistades en la sección 4. Algunos de ellos venían a la nuestra a jugar a fútbol y yo tenía permitido ir a la suya y los visitaba de vez en cuando. Pero no quise separarme de Kamal, que, como agradecimiento, siguió cocinando para los dos y cuidándome.

Mi amigo Kamal sigue en prisión. Hace unos días me envió este mensaje:

Querido amigo Santiago:

Estoy en un rincón de la biblioteca yo solo, con algunas lágrimas en los ojos, recordando tu sonrisa, tus abrazos, tus bromas, tus sorpresas y detalles. No puedes imaginar lo mucho que te echo de menos. No imaginas el vacío que has dejado en toda la prisión. Pero parece que tu alma y tu energía siguen aquí. Todos los presos se saludan en español y se dicen entre ellos «Hola, amigo, buenos días». También se dicen «vaya tela» y «qué cabrón». No te preocupes, que tu cartel para ahorrar agua sigue en el baño y en las duchas. Tu rosal aguantará el invierno y nos dará muchas flores. Amigo Santiago Sánchez, que se entere el mundo que un español pasó más de un año en prisión, lejos de su país, lejos de sus amigos y su familia, y nos dio una gran lección de vida a todos. Sigue, sigue y sigue. Continúa. Continúa con tu viaje y con tu misión. Continúa conquistando los caminos, las montañas y los corazones. Porque tú puedes, Luchador de la Luz. Gracias por devolverme la sonrisa y la esperanza. Nunca olvidaré tus palabras, las que me decías todas las mañanas: «No te rindas, no te des por vencido, amigo. El futuro nos pertenece».

Hasta pronto, amigo mío.

9

Cumpleaños en prisión

Un momento agridulce fue mi cuadragésimo segundo cumpleaños, que celebré en mayo de aquel año en la cárcel. Agridulce porque, por un lado, seguía con la incertidumbre y a veces tenía momentos de desesperación. Llevaba casi ocho meses detenido, desde el 2 de octubre del año anterior, y no había indicios claros de que fuesen a dejarme en libertad en breve. Sin embargo, por otro lado, empezaba a tomarme las cosas mejor y a recibir el cariño de algunos compañeros.

En vísperas de mi cumpleaños, empecé a notar que sucedía algo raro. Mis compañeros estaban nerviosos en mi presencia y los veía ir arriba y abajo. Uno de ellos, Mohammed A. (no pongo su nombre completo por seguridad), me pidió que le enseñara a hacer un bizcocho de chocolate que yo solía preparar. Me di cuenta de que maquinaban algo, así que decidí irme a la cama a leer para facilitarles las cosas. Al día siguiente, el 24 de mayo, empezaron las sorpresas.

A las ocho, mi compañero Mehdi ya no estaba en su cama. Me levanté para comenzar el día y me encontré un trozo de bizcocho de chocolate a los pies de mi cama con una nota. Desayuné y fui al taller de madera, como de costumbre. Allí me esperaban todos para aplaudirme y cantarme el cumpleaños feliz. Luego, a mediodía, yo quise invitar a mis compañeros, pero fueron ellos los que prepararon una *pizza* para veinte personas en el taller de madera. Aquel día me tocó a mí disfrutar de la hospitalidad y la generosidad del pueblo iraní. Lo llevan en la sangre desde hace miles de años. No sólo comimos los chicos del taller. Todo el que vino atraído por el olor y los ruidos pudo comer un trozo de *pizza* en honor a mi cumpleaños. Luego cada uno regresamos a nuestra sección y al cabo de un rato apareció mi amigo Mohammed con una escultura de madera hecha a mano con dos personas iguales a nosotros. Era ésta:

Una de las figuras tenía tatuajes, un balón de fútbol entre los pies, guantes de boxeo en las manos y la nariz un poco torcida. Obviamente, era yo. La otra tenía un balón de voleibol en una mano, el pelo de pincho y gafas. Los dos sujetábamos entre las manos un conejo (es una larga historia que tal vez cuente en un futuro). Se me caían las lágrimas mirando a mi amigo Mohammed, con la ropa llena de serrín y los brazos extendidos ofreciéndome aquel regalo que, por supuesto, me traje a España. Al lado, muchos presos aplaudían y sacaban de sus bolsillos otros regalos, como un rosario hecho con huesos de aceitunas y una cruz hecha con la cáscara de un coco. En mi meñique vi relucir de pronto el reflejo de un anillo con una piedra que sólo se encuentra en Irán. Un compañero lo había encargado para mí unos días antes y me lo puso deseándome mucha suerte y bendiciéndolo, ya que era muy religioso. Me dijo estas palabras: «Toma, Santiago, esto es para ti porque lo mereces, porque eres muy especial. No eres mi amigo, eres mi hermano. Para mí no hay fronteras. Todos somos humanos». Tuve que apretar los dientes y tragar saliva para aguantarme las lágrimas, pero éstas salieron inevitablemente.

Al llegar a mi habitación, sin tiempo apenas de dejar las cosas, noté a Mehdi detrás de mí, con una gran sonrisa escondida detrás de su bigote y diciéndome en inglés: «*I have one surprise for you*, amigo». Me entregó una nota: «*Tavaloder movarak*, Santiago. Tus amigos de la sección 1 te quieren». Luego tomé de sus manos una caja que había hecho para mí. Aún olía a barniz. La abrí. Contenía una pulsera de madera con el nombre del Real Madrid, que él mismo había tallado a mano, y con una correa de cuero que había cortado, medido y cosido unas semanas antes. No me lo podía creer. Parecía comprada en la tienda oficial del Bernabéu. Cuando la saqué de la caja estaba amarrada a una pequeña almohada rellena del serrín con mi nombre bordado. ¡Era de película!

Allí estaba Mehdi, con las manos llenas de rasguños y una felicidad que se podía apreciar en el brillo de sus ojos. Nos dimos un abrazo y, muy emocionado, le dije gracias al oído en todos los idiomas que sabía. Él señaló al cielo con su índice y dijo después, poniéndose la mano en el pecho, en el corazón: «*Khoda*, Santiago, *Khoda*» (*Khoda* significa 'Dios' en farsi). Dejé todo y fui a lavarme la cara al baño para limpiarme las lágrimas.

Luego me tumbé un rato para relajarme, pero no pude dormir porque escuchaba de fondo a algunas personas preguntar por mí. Serían las cuatro de la tarde cuando me levanté y vi una carta con algo envuelto. Louis, un compañero de Francia, dejó un caballo de madera tallado a mano con unas bonitas palabras, agradeciéndome las largas partidas de ajedrez que jugábamos durante aquellos días. Yo era su profesor y le enseñaba a jugar. Había días que hasta incluso me dejaba ganar.

El día pasó con muchas más emociones y momentos memorables. A la noche, cuando todo parecía tranquilo, entró en mi habitación Abbas, un chico de Pakistán que me regaló un masaje mientras todos mis compañeros de habitación veían las noticias y otros dos dormían. Cuando fui a lavarme los dientes para ir a dormir, me tiré una hora hablando en corro con todos sobre el día y sobre cómo habían preparado las sorpresas.

Al día siguiente, con la ayuda de mi amigo Kamal, organicé una comida para invitar a los chicos de mi sección. Éramos cincuenta, así que no fue fácil prepararla. Al final fue una cena, ya que muchos ayunan durante el fin de semana. Un amigo de Kamal preparó un bizcocho grande y ése fue su regalo. Un bonito gesto. Y muy bueno el bizcocho, por cierto. También vinieron de otras secciones con postres y dulces.

Kamal preparó cincuenta platos de arroz con tomate y pimiento a la brasa, lo cual, en aquellas circunstancias, tenía mucho mérito. Después de la cena, los ocho compañeros de mi habitación me hicieron sentarme y me dejaron ocho regalos envueltos con folios y papel de periódico escrito en farsi. No me lo podía creer. Camisetas, calcetines, café, gel de baño, unos cereales para el desayuno que me gustaban mucho y una pequeña tetera.

Cuando ya pensaba que todo había acabado, apareció Kamal con un cuaderno. Me lo entregó y vi que estaba lleno de mensajes de todos los presos, mensajes en farsi, inglés, español, árabe, urdu, pastún, francés y otros idiomas. Hasta los guardias habían escrito algo. Empecé a leerlos, pero tenía que parar cada dos por tres para secarme las lágrimas. Luego supe que Kamal había comprado el cuaderno hacía un mes y llevaba todo ese tiempo recorriendo la prisión y preparando el regalo sin que yo lo supiera.

Fui al baño para lavarme la cara y los dientes. Cuando regresé a mi habitación para asimilar todas aquellas emociones y relajarme un poco, apareció otro compañero, Hamid, con una guitarra persa de tres cuerdas, y empezó a tocar unas canciones en mi honor. Se pusieron todos a cantar y bailar. Eran canciones que yo no entendía, pero sonaban muy bien.

Cuando acabó, pensé que ya me podría ir a la cama, pero mi amigo Amir tenía otra sorpresa para mí: al día siguiente, me dijo, me invitaba a una comida especial. A mí y a quien yo quisiera. Al final fuimos diez y la celebramos en el patio. Me prepararon una comida que me gustaba muchísimo, un pollo con arroz y una salsa oscura de granada, frutos secos, pasas y no sé qué más. Pusieron un mantel y comimos todos en el patio haciendo bromas y aquello fue muy bonito.

No hay nada peor que sentirte solo lejos de tu casa y los tuyos. No poder celebrar con ellos tu cumpleaños o la Navidad. Afortunadamente, aunque no estaba con mi familia y mis amigos de toda la vida, como me habría gustado, mis nuevos compañeros me demostraron durante aquellas semanas, especialmente el día de mi cumpleaños, un afecto tan grande que agradezco a la vida que los pusiera en mi camino.

Después de aquel día celebramos muchos más cumpleaños. No sólo los de los presos, sino los de mis amigos españoles. Cuando llegaba el cumpleaños de mi amigo Coque o de mi hermano Paquito o de otro amigo, yo les decía a todos: «Hoy os invito a comer, que es el cumpleaños de tal y lo vamos a celebrar». Y con el dinero que me enviaban desde España compraba comida en el economato. Mis amigos ya sabían que lo hacía, pero lo entendían. Además, en Irán la comida es más barata que en España. Tomar un plato de arroz con pollo y una bebida en un restaurante del centro de Teherán, por ejemplo, cuesta al cambio dos o tres euros.

Cocinábamos un arroz o un bizcocho o lo que fuera y lo celebrábamos en el patio o en la celda. Y yo llamaba a ese amigo y le pasaba el teléfono a algunos compañeros presos que lo felicitaban: «*Tavaloder movarak!*».

No deseaba estar allí, por supuesto, pero al menos pude compartir algunos momentos especiales con personas que me demostraron un gran afecto y que hicieron que las circunstancias fueran, al menos, un poco más llevaderas.

10

Bendito deporte

Kamal y el resto de los compañeros fueron lo mejor de aquellos primeros meses en Evin, pero lo que me mantuvo fuerte y me ayudó a sobrellevar el paso de los días y la incertidumbre fue seguir una serie de hábitos. Por un lado, mantenía mi espacio ordenado y mi cuerpo aseado. Por otro lado, cada mañana, después de levantarme, me ponía mi mono y me iba al taller de madera, donde podía concentrarme en mis creaciones. No sólo hacía colgantes para mis compañeros y sus familiares, sino también unos cuadros con paisajes o animales (hablaré de ellos un poco más adelante, porque intentaron quitármelos y eso desencadenó uno de mis peores momentos de aquellos quince meses en prisión).

Pero lo que más me ayudó a resistir, física y mentalmente, fue el deporte. Aunque a mi vuelta a España había perdido bastantes kilos, pude conservar la salud (física y mental, insisto) gracias a que hacía deporte casi

cada día. Ya te he contado que practicaba boxeo, voleibol y fútbol, pero merece la pena profundizar un poco
en esto, porque creo que hay personas que están viviendo situaciones muy difíciles en su vida y quizás no son
conscientes de que el deporte puede ayudarlas mucho a
superarlas y a superarse.

Desde el principio de mi reclusión, incluso en las
celdas pequeñas en que estuve en Saqqez, siempre pro-
curé hacer algo de deporte. Hacía sentadillas, caminaba, intentaba hacer flexiones sobre las mantas que nos
daban... Intentaba cansar mi cuerpo no sólo para mantenerme en forma, sino para agotarme y poder dormir
por la noche.

Al principio, durante los primeros días en Evin, todavía iba en chanclas, lo que hacía difícil practicar
cualquier deporte. Algunos presos se ofrecieron a pres-
tarme sus zapatillas, pero por cautela les dije que no.
No sabía dónde me habían metido ni si aquello me podía comprometer a algo. Con el tiempo fui viendo que
casi todos los presos eran pacíficos, pero también había
algunos peligrosos.

Al cabo de unos días, y después de presentar varias
instancias, pude recuperar mis zapatillas y se me abrió
un mundo de posibilidades. Empecé a ir al gimnasio,
donde había una cinta para correr y caminar. También
empecé a jugar a voleibol, que, modestia aparte, no se
me da mal. A veces los presos que presenciaban los
partidos jaleaban alguno de mis puntos gritando *mas-
hallah*, que significa «muy bien».

Mis zapatillas estaban destrozadas, las cosía como podía y las arreglaba. Por suerte un preso que salió en libertad me dejó las suyas y luego compré unas muy feas en el economato. Pedía ropa de deporte a la embajada, pero resultaba más rápido y eficaz tratar de conseguirla a través de los presos o de la tienda de la prisión. Es triste admitirlo, pero a veces los conductos extraoficiales son mucho más eficaces que los oficiales, que se pierden en una maraña de burocracia. Esto no quita ningún mérito a la embajada española en Teherán ni a sus funcionarios, que por supuesto hacían todo lo que podían por ayudarme. Y les estoy muy agradecido por todo lo que hicieron.

En Evin mantuve mi pasión por el deporte, que me ayudó a mantenerme en pie y resistir. Por un lado, estaban las clases de boxeo a otros presos, que pude dar gracias al material que me envió la embajada. Por otro, me enviaron también un balón y una red de voleibol, que montaba en el patio de nuestra sección y que nos permitía jugar partidos casi a cualquier hora del día. Barría el patio, colocaba la red, que como el patio no era muy grande iba de pared a pared, y llamaba a la gente. Cuando me veían pasar en pantalón corto ya sabían que había partido. Alguno se hacía el remolón y tenía que ir a buscarlo y llevármelo al patio de la oreja, pero siempre de buen rollo. Una de las peores cosas de estar en prisión es que, cuando llevas ya un tiempo y ves que te queda mucho por delante, te entra la pereza y te abandonas. Tienes que tener mucha fuerza de voluntad para mantenerte en forma. Por eso creo que el deporte es tan importante en esas circunstancias y en otras parecidas: te ayuda a disciplinarte y a mantener cuerpo y mente activos.

A veces venían presos de otras secciones, incluso de la 2, donde había algunos peligrosos. Jugábamos varios partidos y a veces eran muy emocionantes. Uno o dos días a la semana no podíamos jugar porque también teníamos gente mayor en la sección y había que dejarles el patio para que caminaran, tomaran el té o charlaran un rato al aire libre.

Al cabo de un tiempo me nombraron jefe de deportes de mi sección. Si alguien quería organizar alguna actividad deportiva en el patio o venir a jugar a vóley, tenía que hablar conmigo. Ya empezaba a dominar un poco el farsi, así que me apañaba bastante bien. Todo el mundo estaba encantado. Aunque viniera mucha gente, todos jugaban, pues hacíamos equipos y luego íbamos cambiando. La cuestión era que todos tuviéramos un rato de distracción que, además, nos ayudara a mantenernos en forma y con buena salud.

Algunos presos que no querían jugar se asomaban al patio desde sus celdas y miraban, aplaudían o animaban. También hacían a veces de árbitros, pues desde su posición elevada nos ayudaban con los balones dudosos, los que no sabíamos si habían entrado o no.

Cuando atardecía y empezábamos a quedarnos sin luz, los guardias nos obligaban a acabar y nos enviaban a las celdas. Como ya he contado, algunos eran más be-

névolos que otros y nos dejaban acabar el *set* que teníamos a medias, siempre y cuando la cosa no se alargara
más allá de unos minutos (todo aficionado sabe que un
partido de voleibol sin terminar es un partido muy feo).
Después quitaba la red y dejaba el patio vacío otra vez.

Luego estaba el tema del boxeo. Los guantes que encargué a la embajada no me llegaron nunca, se los quedaron los guardias. Conseguí unos a través de un preso,
pero aun así los recursos eran mínimos y había que
echarle imaginación. Por ejemplo, en una esquinita del
patio até una cuerda de tender y la utilizaba para hacer
cintura. Pasaba por encima y por debajo, y también sal-
taba con ella a la comba. Por otra parte, daba algunas
clases en el gimnasio y era muy bonito ver cómo algunos chicos me seguían y se lo tomaban en serio.

El voleibol y el fútbol eran más populares, sobre
todo porque podía jugar más gente al mismo tiempo y
porque muchos ya sabían jugar. El día del fútbol era los
viernes, que era festivo. El taller de madera estaba cerrado y no había visitas y, por tanto, podíamos estar
tranquilos y concentrados en el juego. Tranquilos en el
sentido de que no teníamos distracciones de fuera,
pero lo que eran los partidos... ¡Había una tensión tre-
menda! Nos lo tomábamos muy en serio, como si nos
estuviéramos jugando la liga nacional. Y eso que las
porterías eran cubos de basura, no teníamos otra cosa.

Aunque los medios eran escasos, empezamos a jugar partidos contra los de otra sección y yo iba apun-
tando los goles en un cuaderno. Por las ventanas del

patio la gente nos animaba. Todos querían jugar conmigo porque se me daba bien y hacía bromas todo el tiempo. Un momento épico fue cuando intenté explicarle a los de mi equipo en qué consistía el famoso tiki-taka. No sé si lo entendieron, pero teníamos un par de jugadores que la tocaban bien. Uno de ellos era Kamal, que a pesar de su estatura y de tener el cuerpo como una raspa, metía muchos goles.

Los días de partido se creaba una especie de hermandad. Cuando venían de otras secciones, sobre todo en verano, yo sacaba agua y fruta pelada en un *tupper* y les trataba como invitados. El resto de los presos, los que no jugaban, eran el público de aquel pequeño estadio y nuestra afición. Nos hacían el pasillo para recibirnos y cantaban en farsi. A veces coreaban mi nombre y yo levantaba los brazos al cielo y se me ponían los pelos de punta, como si estuviera jugando en el mismísimo Bernabéu o como si fuera Máximo, el protagonista de *Gladiator*, aclamado por las masas en la arena del coliseo romano.

Como jefe de deportes de la prisión empecé a organizar torneos de fútbol y de vóley de unas secciones contra otras. A veces me costaba reunir a la gente para jugar y tenía que ir celda por celda a sacarlos de la siesta, y a la biblioteca y a la cocina. Me recorría la prisión entera durante al menos media hora hasta que conseguía reunirlos a todos en el patio. Hay que pensar que para los partidos de voleibol necesitábamos al menos doce personas, y a ser posible algunas más para hacer cambios.

Al final logré crear en nuestra sección una especie de sentimiento de pertenencia al grupo. Antes de empezar los partidos contra otras secciones, hacíamos un corro, nos animábamos unos a otros y salíamos a darlo todo. Éramos una piña. Los partidos de fútbol los ganábamos casi siempre de paliza. Así como en el voleibol los reyes eran los de la sección 4, que tenían a algunos chavales que habían jugado en ligas profesionales cuando estaban en la universidad, en fútbol los mejores éramos los de la sección 1.

Nos lo tomábamos tan en serio que, a pequeña escala, hacíamos las mismas cosas que los grandes equipos, como fichar a nuevos *cracks*. Por ejemplo, había un chaval muy bueno en nuestra sección, pero no podía jugar porque no tenía zapatillas. Por un momento pensé en comprarle yo unas, pero si lo hacía me vendrían otros a pedirme que les comprara cosas o les diera dinero, y eso sería un problema. Le dejé unas mías, pero le iban grandes y se tenía que poner tres pares de calcetines.

Tengo muy buenos recuerdos de aquellos partidos. Eran un momento de disfrute, de distracción, de compartir con el resto de los presos. Un poco como en la película *Evasión o victoria*, pero cambiando el campo de concentración nazi por una prisión iraní de máxima seguridad.

En cualquier caso, está claro que el fútbol es el deporte más universal, porque de alguna forma nos unía y durante un rato nos permitía comunicarnos en un lenguaje común. El lenguaje del fútbol es como el de la música: es universal y ayuda a unir a los pueblos.

A mediados de diciembre de 2023 me nominaron al Premio Cervantes del Deporte de Alcalá de Henares. Mis padres me dieron la noticia uno de aquellos días, cuando los llamé, pues ellos no podían llamarme a mí. A pesar de la situación, como alcalaíno que soy, me hizo mucha ilusión. Pensé que el simple hecho de que me nominaran ya era un gesto muy bonito.

Unos días después, me comunicaron que me habían dado el premio. Lo tuvieron que recoger mis padres, porque yo seguía en Evin. El jurado valoró mi contribución al fomento del deporte y tuvo en cuenta varias cosas, entre ellas, mi viaje en bicicleta a Arabia Saudita de 2019-2020 y mi participación en un equipo de fútbol, el C. D. Valdeavero. Hablaron con el presidente del club, que les explicó que yo siempre estaba haciendo piña, organizando actividades y ayudando al resto del equipo. Si alguien no podía ir a entrenar, lo llevaba en mi coche; si un chaval no tenía botas para jugar, le dejaba las mías. No lo explico por hacerme el bueno, simplemente porque soy así, me sale natural y no busco nada a cambio.

Un detalle curioso es que, después de la nominación, entre la embajada y mi familia consiguieron de la dirección de Evin que hiciera un informe explicando que era el jefe de deportes de la prisión y que organizaba partidos de vóley y de fútbol. Me gusta creer que ése fue uno de los aspectos determinantes para que me concedieran el premio, que por supuesto me hizo una ilusión enorme. De hecho, mientras escribo esto tengo el trofeo delante y al mirarlo me emociono.

La verdad es que siempre he sido fiel al deporte y éste me ha devuelto mucho. Ya he explicado que después de una adolescencia difícil me ayudó a salir del mundo de las drogas. También, después de la muerte de mi amigo Jorge en los atentados del 11 de marzo de 2004, de los que se han cumplido hace unos días veinte años, me ayudó a superar aquel trauma. Fue sobre todo el boxeo, pero también el fútbol y su entorno, donde hay gente maravillosa.

Desde que volví en enero a España, he seguido apoyándome en el deporte para superar la mala experiencia vivida en las prisiones de Irán. Para recuperarme no sólo física, sino también psicológicamente. Hago deporte prácticamente a diario. Doy largos paseos, practico boxeo o juego al fútbol. Algo muy bonito que me sucedió fue que, nada más llegar a Alcalá de Henares, volví a mi equipo de fútbol y jugué el primer fin de semana. Lo maravilloso es que pude hacerlo gracias a que el club había pagado mi ficha y me había guardado mi equipación. Y no sólo eso: iban a jugar cada partido con una pancarta que ponía «Santiago Libertad» y los equipos rivales se sumaban al llamamiento. Lo mejor del tema es que mi equipo tenía un jugador menos, pero al mismo tiempo un jugador más, porque en cada partido llevaban mi energía.

En realidad, no fue una sorpresa, porque yo hablaba a menudo con el capitán de mi equipo, mi amigo Meloni. El suyo era uno de los diez teléfonos que puse en la lista que me obligaron a hacer en la prisión y, por tanto, una de las diez personas de España con las que podía hablar. El equipo hizo un grupo y entre todos pagaron mi ficha y me enviaron dinero para las llamadas.

Como decía, el primer fin de semana después de aterrizar en España me puse las botas, mi equipación y jugué con mi equipo como capitán. Me lo pasé genial y encima ganamos 3 a 4 (jugábamos fuera de casa). Ahora sigo entrenando entre semana y jugando los fines de semana en una liga regional.

También voy al gimnasio de mi amigo Pablo Navascués, donde entreno con los chavales y doy clases de boxeo, tanto particulares como a un grupo. También le doy clases a mi amigo Coque, que como explicaré en los próximos capítulos luchó mucho por mi libertad. Ahora le quiero regalar mi tiempo y mis ganas de luchar por la vida. Salimos a caminar, jugamos a pádel y le doy clases de boxeo. Hacemos un poquito de comba, un poquito de sombra, manoplas... Es todo un regalo volver a pasar tiempo con él.

El deporte es para mí muchas cosas. A día de hoy es mi principal medicina, la que me tomo a diario para curar las heridas de esos 453 días entre rejas. Todos me dicen que tengo que ir al psicólogo, pero en realidad mi psicólogo es el deporte, la naturaleza, intentar comer sano, escribir y compartir mi tiempo y mi energía con las personas que quiero.

Marzo de 2024

11

Peleando con mis demonios

A principios de marzo de 2023, mi familia y mis amigos ya habían organizado una primera manifestación en Madrid para reclamar a las autoridades mi liberación bajo el lema *Freedom for Santiago*. Llevaba ya en aquel momento más de cinco meses detenido. La embajada española seguía con sus trámites y, cuando me visitaban, me ponían al corriente de todo. Lo que me decían era que estaban haciendo todo lo posible y que las autoridades iraníes les habían dicho que era cuestión de poco tiempo.

Pasaron así casi dos meses en los que mis amigos intentaban hacer el mayor ruido posible en la prensa y yo, como no podía hacer otra cosa, procuraba asumir la situación y tomármelo de la mejor manera posible, siguiendo una rutina diaria: ir al taller de madera, hacer deporte, comer los platos que preparaba Kamal, enseñar español, aprender farsi, etcétera.

Un buen día, a finales de mayo, vino a verme el embajador y me dijo que el día 10 de junio saldría en libertad. Los servicios de inteligencia de ambos países y las delegaciones diplomáticas se habían reunido y parecía que estaba clara mi inocencia.

Fue, claro, un subidón. Estaba superexcitado. Convencido de que por fin había llegado el día, me borré del taller de madera, que costaba un dinero; dejé de encargar fruta y verdura en el economato, que normalmente se encargaba con una semana como mínimo de antelación, y empecé a hacer la maleta y despedirme de mis compañeros.

También, como es lógico, la gente de la embajada comunicó la noticia a mis padres, que esos días estaban fuera de Alcalá de Henares y que regresaron a toda prisa para preparar mi llegada. Hablaron con mis amigos, que dejaron de hacer ruido en los medios, limpiaron mi habitación, compraron comida... Mi madre me dijo que me iba a hacer una paella y yo le dije: «¡No, mamá, más arroz no!». Recogió verduras de la huerta que tenemos en el pueblo y me preparó gazpacho.

Estaba todo a punto para el gran día, pero llegó el 10 de junio y no pasó nada. Luego el 11... y tampoco. Nadie sabía por qué, ni siquiera el embajador, pero la liberación no llegaba ni nos daban ningún tipo de explicación. Nos habían engañado.

Cuando me comunicaron finalmente que no iba a salir, escribí esto en mi diario:

12 de junio de 2023. El demonio es esa lágrima que brota sin saber por qué. Morder más allá de las uñas con la mirada perdida. Te pita el oído y achinas un ojo. Nada es cierto. Nada es claro. Pensar una cosa y hacer otra. El demonio es perder el hambre y también el sueño. Vas a mear y no sale una gota. Haces fuerza y, por fin, ves el chorro. Pongo el dedo y lo noto caliente. Estoy perdiendo la cabeza. Voy a dormir y me sudan las manos. Busco un boli y pasa una hora. Miro a la luz y veo figuras. No me atrevo a cerrar el grifo cuando me lavo los dientes. Mucho silencio, muchos ruidos. Me voy a dormir. Froto los dientes. Noto una mano. No le hago caso. Por favor, dime quién eres. Dime qué quieres. Voy a la ducha y también me acompañas. Me siento en el suelo mientras cae el agua. Nada me ayuda. Nada me calma. Hago aspavientos. Intento apartarlo. ¿Por qué hablo en alto si estoy solo? Ve a dormir, me digo a mí mismo. Intenta olvidarlo cerrando los ojos.

Durante junio y julio pasé unas semanas muy malas. Eran, además, los meses de verano. El calor era abrasador, asfixiante. Había días que hacía tanto calor que no podíamos salir al patio. Otros no podíamos salir por la polución, que en Teherán y sus alrededores podía llegar a niveles insoportables. Hacer deporte al aire libre, en aquellas circunstancias, era más peligroso que beneficioso para la salud.

Estaba desesperado. Siempre me decían que iba a salir pronto, pero no se cumplían las promesas. A veces hablaba por teléfono con un amigo y antes de colgar miraba dónde me podía esconder para derrumbarme. A veces me metía en las duchas y me sentaba y ponía la cabeza entre las rodillas y decía: «¡Me cago en la puta! ¿Por qué me está pasando esto? ¿Por qué me dicen que salgo y luego no salgo?». Tardé todavía un poco en entender que la pregunta correcta no era «por qué», sino «para qué»: para poder un día explicar mi experiencia y animar a otras personas a superar sus obstáculos.

Unos y otros trataban de darme esperanzas, pero no me creía nada de nadie. ¿Saldré? ¿No saldré? Pasaban las semanas y se mantenía la incertidumbre. Estaba en una prisión, pero a la vez me sentía dentro de otra prisión: yo mismo.

Algunos días me sentía muy enfadado y alterado. Lo curioso es que no me enfadaba con las autoridades iraníes, sino conmigo mismo por no ser capaz de llevarlo mejor. Me decía: «Santiago, tío, con la fuerza que tú tienes, ¿cómo puede ser que estés tan agobiado? Venga, aguanta, joder».

A veces no quería llamar a mi madre para que no se me notara el cabreo. Pero como sabía que estaba pendiente del teléfono, la llamaba a primera hora en España (había una diferencia horaria de dos horas y media) para que se quedara tranquila y se olvidara del teléfono hasta el día siguiente. Sabía que sufría mucho y yo sufría por hacerla sufrir.

Al que sí llamaba todos los días era a mi amigo Coque, que fue un pilar importantísimo para mí. Él me decía: «Tú me llamas a la hora que sea. Tu número lo tengo en favoritos y aunque esté en la gestoría lo cojo». Y así fue: me contestó absolutamente todas las veces que lo llamé. Nunca podré agradecerle todo lo que hizo por mí durante todo aquel año, su apoyo y su ánimo. Recuerdo que un día me dijo: «Pambu, esto es lo que nos ha puesto la vida delante y tenemos que afrontarlo».

Tanto él como el resto de mis amigos me insistían en que les pidiera lo que me hiciera falta para que no me faltara de nada, ni comida ni ropa ni artículos de aseo. Nada. Pero Coque, además de poner dinero a través del grupo de amigos, me enviaba también por su cuenta, porque sabía que el teléfono era caro y quería que lo llamara cada día y lo mantuviera informado de todo. Saber que él y el resto de los amigos estaban pendientes de mí y apoyándome fue lo que más me ayudó a mantenerme a flote.

En julio de 2023 escribí esto en mi diario:

16 de julio del 2023. Una mano cavó un pozo y la misma me empujó a él. Bebo café sin azúcar porque me acostumbré al sabor amargo. Yo era una abeja que volaba por el mundo produciendo su propia miel. Conozco muchas despensas y algunos frascos en los cuales la deposité. En el fondo del pozo hay una telaraña muy pegajosa que me impide volar. Veo muchos insectos pegados como yo, tratando de zafarse y esquivando a diario los picotazos de esa araña gigantesca sin ojos, buscando desesperada llenar su estómago con nuestra sangre. No me

queda mucha miel, pero aún tengo la suficiente para llenar una cucharilla y endulzar este oscuro momento. No
te preocupes, me digo a mí mismo. La araña está tejien-
do y pronto te dará su mano de hierro, pero con guante
de seda. Vuelve a volar. No mires atrás y recuerda que tu
felicidad siempre podrá mirar a la cara a esa temida incertidumbre, que tus alas no están rotas. Sólo esperan
que pase esta tormenta para volar más alto y llegar más
lejos. No te arrugues, no tengas miedo. Tu sufrimiento
no será en vano.

Intentaba animarme, pero muchos días no lo conseguía. La cosa se complicó cuando me cortaron dos semanas las llamadas de teléfono por dejar usar mi tarjeta a un preso condenado a muerte al que yo sólo quería
ayudar por pura compasión. Aquello hizo que los servicios de inteligencia me requisaran también los cuadros
de madera que había hecho en el taller. Ahí ya no pude
más. Toqué fondo. Estaba cansado, muy cansado de
todo.

Decidí hacer una huelga de hambre para protestar.
Unos y otros me decían que ni se me ocurriera, pero
estaba tan quemado, tan harto de tanta tortura, de tanta mentira, de tanto abuso, de tanta falsa esperanza,
que la única salida que vi fue ésa.

El primer día de la huelga perdí un kilo. La hice a rajatabla y no comí absolutamente nada. Mi amigo Kamal
me dejaba chocolatinas en la cama y yo no me las comía.
También probó a dejarme una mandarina, pero ni la to-

qué. Al cabo de dos días, cuando vio todas las chocolatinas y la mandarina intactas, me dijo: «Santiago, come, por favor». Le contesté: «No, Kamal. Voy a luchar, tío. Voy a luchar y ésta es mi manera de hacerlo».

Cuatro días después de empezar la huelga de hambre había perdido unos cinco o seis kilos. Ya estaba delgado, pero aquellos kilos de menos me dejaron demacrado. Se me notaba un montón. Estaba blanco. Entonces me llevaron en presencia del director de la prisión, al que acompañaba un miembro de los servicios de inteligencia. Kamal me acompañó para hacerme de traductor. Me ofrecieron un té y un bizcocho, pero los aparté. Les dije que muchas gracias, pero que yo era inocente y que no entendía por qué estaba allí, que ya estaba cansado, pero que también estaba dispuesto a luchar por mí, por mis derechos y por mi verdad.

Se quedaron blancos. Me dijeron que lo que estaba haciendo era muy feo y que no podía seguir así. Yo les repliqué que más feo era quitarme la libertad como estaban haciendo. Hablaba al director de la prisión mirándole a la cara y señalándole, diciéndole cosas fuertes porque estaba realmente enfadado. Cosas como: «¿Tiene usted madre? ¿Le gustaría que la hicieran sufrir? Pues ustedes están haciendo sufrir a mi madre y a mis amigos». También les afeé el hecho de que me dijeran que iba a salir y que luego no cumplieran con su promesa, que eso era una forma de tortura intolerable.

Creo que Kamal, asustado y temiendo por mí, suavizó un poco mis palabras con su traducción. Sea como fuere, al día siguiente me devolvieron mis cuadros de madera, me entregaron los libros que me había enviado la embajada y me devolvieron el derecho a hacer llamadas.

En esa época tan difícil, a veces no me bastaban las estrategias de la mente para conservar la calma y la esperanza. Sólo algunas pequeñas cosas me consolaban: el afecto de Kamal, los juegos con los hijos de mis compañeros cuando su familia venía a visitarlos... Los días de visita, que solían ser los martes, olían a perfume y a alegría.

Yo tenía sentimientos encontrados. Por una parte, estaba triste porque a mí nadie me visitaba. Por otra, sin embargo, me alegraba ver la ilusión en las caras de mis compañeros, y me sentía feliz y agradecido cuando sacrificaban parte del tiempo con sus hijos para dejarles que vinieran a darme un abrazo o jugar conmigo. Ese contacto era lo único que me reconectaba con la vida y con la esperanza.

Aprendí algo importante aquellos días, algo que en parte ya sabía, pero que nunca había experimentado con tanta intensidad. Aprendí que, en última instancia, cuando la incertidumbre es omnipresente y nada te consuela, cuando las estrategias de la mente ya no sirven, la única salida es el amor.

Lo explica muy bien Rafael Narbona en su libro *Maestros de la felicidad*, que mientras escribo esto, en marzo de 2024, está teniendo un gran éxito de ventas. Cuando habla de la resiliencia dice: «El amor es el combustible que permite continuar cuando la mente piensa que ha agotado sus recursos». Doy fe de que es cierto.

12

La fuga

Durante el verano, además del calor, lo pasé muy mal con algunos problemas de salud. Como ya comenté en los primeros capítulos, mi padre había sufrido un cáncer de colon y yo tenía previsto hacerme una colonoscopia antes de que me encarcelaran. Estando ya en Evin, pedí al menos tres o cuatro veces mediante instancia que me hicieran la prueba, pero no me hacían ni caso. Se lo pedí también al embajador, pero siempre me decía: «Tranquilo, Santiago, que saldrás pronto y te la podrás hacer en España». Pero pasaban los meses y ni una cosa ni la otra: ni me la hacían en Irán ni me soltaban para que me la pudiera hacer en España. Y ése era un tema que cada dos por tres volvía a mi mente y me provocaba mucho estrés.

A eso se añadió que empecé a notar unos pinchazos en el corazón. Un día, jugando a fútbol, me llevé un balonazo en el pecho y empecé a sentir un dolor recurrente. Era como si me fuera a fallar el corazón, como si me faltara el aire. De vez en cuando suspiraba y sentía unas punzadas extrañas. Se lo expliqué a Kamal y llegamos a la conclusión de que podía ser del propio estrés de estar allí encerrado, de la pena, de la tensión que llevaba acumulada, de la incertidumbre y de la ansiedad de no saber cuándo saldría. Durante las dos semanas que duró aquello, no dejé de hacer deporte, pero a veces, al incorporarme después de un esfuerzo, me dolía el lado izquierdo y me inquietaba.

Con todo y con eso, lo peor era lo de la muela. Antes del verano, creo que hacia mayo, se me había roto una muela comiendo. Nos dieron para cenar un cuenco de lentejas y había piedras. De hecho, guardé la piedra con la que me rompí la muela y fui con mi amigo Kamal a quejarme a uno de los guardias y a decirle que necesitaba un dentista. Pasaron los días y no me hizo caso. Se lo dije al embajador, que me aseguró que enviarían un informe para quejarse y exigir que me atendieran. Pero tampoco le hicieron ni caso.

Tampoco conseguí que me llevaran a ver un médico cuando en julio hice la huelga de hambre. Me devolvieron mis cosas, eso sí, pero lo de sacarme de la prisión para llevarme a un dentista ni siquiera se lo plantearon. Había médicos en la prisión, pero era caótico. De hecho, un día me llevaron al médico que había en Evin. Cuando llegué a la consulta, había una fila y me colaron diciendo que yo era un turista extranjero. El lugar era húmedo y medio siniestro. Cuando entré, vi una persona desmayada, lo cual no inspiraba mucha confianza. Al tipo le habían puesto demasiada anestesia y estaban tratando de reanimarlo a guantazos. Cuando vi eso, me di la vuelta. Decidí que aquel matasanos no iba a ponerme una mano encima. Después de eso, volví a rellenar una instancia pidiendo que me llevaran a un dentista privado, alguien con garantías, pero me respondieron que ya me habían llevado al médico y que yo no había querido que me atendiera.

La muela se infectó y al cabo de unas semanas, calculo que estaríamos ya en agosto, me salió un flemón y me empezó a doler muchísimo. Tuve que conseguir calmantes y antibióticos por medios extraoficiales (o sea, a través de otros presos), porque los oficiales no servían. Era la única manera de dormir un poco y, aun así, había noches en que rabiaba del dolor.

Cuando se lo expliqué a mi familia, llamaron al embajador. Supongo que éste, a su vez, debió de dar un golpe sobre alguna mesa y movió los hilos, porque finalmente un día me dijeron que me llevaban a un dentista fuera de Evin. Era la primera vez que salía de la prisión desde mi llegada a mediados de diciembre del año anterior, o sea, la primera vez en siete u ocho meses.

Me sacaron en una furgoneta esposado a un policía. Por el camino charlamos y resultó que conocía mi historia. Me dijo que a él le gustaría mucho visitar España y me dio su teléfono. Sigo en contacto con él y con al menos treinta iraníes más de los muchos que conocí en aquel año y pico, sobre todo presos, pero también guardias, policías y soldados.

Por supuesto, tuve que pagar para poder salir y que me llevaran al dentista. Me dijeron lo que costaba y les di mi tarjeta. Luego vi que los guardias habían sacado más dinero del que costaba el médico, más o menos el doble, pero me había acostumbrado tanto a los abusos que no le di mucha importancia.

Llegamos a la consulta y nos sentamos en la sala de espera, mi acompañante de uniforme y yo también, en concreto con mi uniforme de preso a rayas. Parecía el protagonista de *El niño con el pijama de rayas*. Unas chicas que esperaban sentadas delante me reconocieron y empezaron a hacerme fotos con el móvil. No les dije nada.

Esperaba que me arrancaran la muela o que me pusieran un empaste. No sabía cuál era la solución, pero estaba claro que tenía un agujero enorme. Me lo tocaba todos los días con la lengua. De hecho, había días que tenía la lengua mellada. Pero lo único que me hicieron fue una radiografía de esas de 360 grados, creo que se llaman ortopantomografías. Y nada más. Me entregaron la radiografía y me enviaron de vuelta a prisión.

Cuando regresé, todos me estaban esperando para que les contara la aventura. Les dije lo que vi: que la vida seguía allí afuera sin nosotros. Que la vida continuaba, que no se paraba.

Al final, me terminé sacando la muela en España.

A principios de septiembre estaba medio desquiciado por el dolor, los abusos, las mentiras... Un día, casi delirando de fiebre y empapado en sudor, escribí esto en mi diario:

5 de septiembre. Despierto a las dos de la madrugada con una crisis de ansiedad. Me miro en el espejo y no consigo reconocerme. Me vuelvo a mirar y me dan ganas de romperlo a cabezazos. Despeinado y con barba, camino por el corredor esperando que hagan efecto el antibiótico y el Nolotil para el dolor de muela. Tengo muchos beneficios penitenciarios y no puedo quejarme. Qué paradoja. Mientras esté aquí no puedo hacer ni decir nada porque eso me perjudica. Decir y contar la verdad me perjudica. Santiago, cállate y no hagas nada. Vuelvo a mi cama, me meto debajo de la manta, me hago una bola e intento dormir apoyado en el lado contrario del de la muela, donde el corazón late para recordarme el dolor en cada latir.

Escucho el llamado a la oración por el altavoz del patio. Eso significa que está amaneciendo y aquí sigo, peleando con mis demonios. Escucho de fondo unos pasos acercarse. Es el guardia de seguridad que viene a contarnos. Uno, dos, tres... Ok, todo en orden. Nadie se ha escapado ni se ha suicidado. Las siete y media. La bola intenta girarse, pero me es imposible por el dolor. Ya no necesito estar acurrucado. Me siento fuerte. Me tumbo boca arriba y duermo un rato más hasta que me despierta el murmullo de mis compañeros preparando las esperadas visitas. Sí, hoy es martes, día de visitas y de caras felices, hasta incluso la mía, a pesar de que a mí no me vendrá nadie a visitar. Aun así, me hace muy feliz ver ese brillo en los ojos de mis compañeros.

Sin desayunar, camino por el pasillo calculando la hora que es en mi país y pensando cuándo podré llamar. Voy como un barco a la deriva. Camino sin rumbo, sin rumbo fijo. No hay nadie, todos están con las visitas y no tengo que ponerme la máscara de la sonrisa. Entro en el baño y me asusto cuando veo el reflejo de un zombi en el espejo. No me lo puedo creer. Soy yo. Me acerco sin parpadear hasta que mi nariz toca el espejo. En ese momento decido sonreírme, creo que me lo merezco. No puedo permitir que mis demonios ganen esta batalla, ni por mí ni por mi gente. Ahora tengo fuerzas. Voy a llamar y voy a decir que estoy bien porque es lo que me han dicho y porque es lo que tengo que hacer. Al final de todo esto, sacaré el lado bueno, intentaré utilizar todo este dolor y sufrimiento para ayudar a los demás, porque eso es lo que me da fe y esperanza, poder tender mi mano al que lo necesite. Y a pesar de tener ahora el puño cerrado y estar en guardia, espero poder vivir el resto de mis días con la mano abierta. Desde Evin, este zombi sonriente llamado Santiago te manda un saludo con la mano abierta.

Reuní fuerzas y empecé a pensar en fugarme. Unas semanas antes, un preso millonario, que estaba en la sección de delitos financieros por algún tipo de robo o estafa, se había escapado sobornando a guardias y soldados. La noticia incluso salió en la televisión. Aquello me hizo pensar que fugarse de Evin no era imposible.

Pensé que tenía dos opciones. La primera era pagar para que alguien me lo organizara. Podía pedir dinero a mis amigos y estaba seguro de que me lo enviarían. Pero era arriesgado, porque en la prisión había chivatos y probablemente me traicionarían y me delatarían.

La otra era intentarlo por mi cuenta y riesgo. Una posibilidad era esperar a que me llevaran otra vez al médico fuera de la prisión y urdir algún tipo de artimaña para escaparme. Pero no había manera de que volvieran a llevarme al médico.

Otra opción, un poco peliculera, era salir en las bolsas de basura cuando se las llevaran fuera de la prisión. Había un chico que se encargaba de reunir la basura de mi edificio y transportarla en unos carritos hasta una zona dentro de la prisión. Yo lo conocía y me llevaba bien con él, así que quizás estaría dispuesto a ayudarme. Lo malo era que, una vez fuera del edificio, no sabíamos qué hacían con las bolsas. Podía ser que se las llevaran fuera del recinto de Evin, que las dejaran días o semanas en alguna otra zona o que las metieran dentro de un camión de ésos que prensan la basura. Así que existía el riesgo de morir asfixiado o aplastado.

La ventana enrejada de mi celda daba al exterior de la prisión, así que pensé que una opción era serrar los barrotes y salir por ahí, como en las películas. Empecé a coger las serretas del taller de madera y sacarlas de allí metidas en la funda de un bolígrafo. Le quitaba el tubo de tinta, dejando la punta, y en su lugar podía una sierra pequeña. Había un guardia que me tenía manía y que me registraba cada vez que me pillaba saliendo del taller, pero no se dio cuenta. Eso sí, no dejó de putearme ni un día, incluso cuando estuve en huelga de hambre. Durante aquellos días me miraba y me hacía gestos como diciendo «¿Dónde está ahora tu sonrisa?». Y yo le respondía: «Tú no eres nadie y mi sonrisa no es para ti». Al final terminé sonriéndole. Un día le dije: «Mira, te veo tan triste y apagado que te regalo mi sonrisa». Hacia el final suavizó su agresividad conmigo y pudimos hablar con calma. En una de aquellas conversaciones, me confesó que en realidad estaba deseando huir del país.

No era nada fácil llevar a cabo un plan de fuga, entre otras cosas porque había un montón de cámaras de vigilancia por todas partes. Eran como bolas que se movían para que no quedaran ángulos sin controlar. Algunas, las de los baños y las de alguna habitación, estaban medio rotas, las habían roto los presos, pero muchas funcionaban. ¿Cómo lo sé? Pues porque lo comprobé varias veces. Un día, por ejemplo, vino a las celdas el chico del economato, Morteza, y me trajo fruta y verdura: manzanas, tomates, pepino, cebolla, pimientos... Ese día no me puso plátanos, que a mí me encantan, así que le dije: «Oye, *man*, yo quiero plátanos. ¿Por qué no hay plátanos para mí?». Después de un tira y afloja, le dije que le pagaba más. Entonces miró de reojo a todos los lados y sacó tres plátanos como si fueran oro y me los dio. Yo le di mi tarjeta para pagar y, bromeando, hice como si marcara un número de teléfono en el teclado y me llevé el datáfono a la oreja. Al cabo de un momento vinieron dos guardias a la celda y le cogieron el datáfono al chico. Nos reímos y se dieron cuenta de que estábamos haciendo una broma. Una broma que nos salió cara, porque nos cerraron el patio durante unos días como castigo.

El caso es que, con discreción y la complicidad de mis compañeros de celda, al cabo de unos días teníamos los barrotes prácticamente cortados. El plan era coger la red de voleibol para descolgarnos por la ventana. La teníamos preparada, pero entonces alguien se chivó y los guardias nos la confiscaron.

Después descubrimos que el chivato había sido un chico de Afganistán. No contento con delatarnos, aún venía a menudo a mi litera, abría unas cortinitas que yo había puesto para tener un poco de intimidad y trataba de hablar conmigo, supongo que para sacarme información. Yo le decía «*nakhon, nakhon*», que es algo así como «déjame en paz» y entre todos lo echábamos.

Después de este episodio cambiaron muchas cosas. Por ejemplo, dejé de tener acceso a la red de vóley. Nos la daban a la hora de jugar y nos la quitaban en cuanto acabábamos.

13

Come, reza, resiste

A todo esto, estábamos ya en septiembre u octubre y seguía sin tener clara mi situación. No sabía si me iban a juzgar o me iban a dejar eternamente en una especie de prisión preventiva. No me daban ninguna explicación de por qué seguía allí ni de cuál iba a ser el proceso.

Tal vez te preguntes, si vives en España: pero ¿no tenías un abogado que velaba por tus derechos?

La cosa es complicada. Los abogados que vi en aquellos quince meses no sólo no me ayudaron, sino que incluso querían cobrar un dineral, a mí y a mi familia. Ya he explicado que en febrero de 2023 el embajador español me mostró una lista con cinco abogados para que eligiera uno. Lo hice y me visitó, pero no hizo absolutamente nada. Supongo que fue porque no le dejaron hacer nada, pero al menos podía haber sido honesto desde el principio y no darme falsas esperanzas.

Y, por supuesto, no tener unos precios tan abusivos para situaciones tan extremas.

Aun así, me obligaban a tener un abogado. Yo discutía mucho con mi familia por este tema, porque estaba convencido, como así fue al final, de que no servía de nada. Me dijo: «Sabemos que eres inocente, pero el tuyo es un tema político». Y yo le contesté: «Entonces, ¿qué pintas tú aquí?». Se quedó callado. Cuando finalmente fui a los juzgados, como explicaré más adelante, el abogado ni siquiera hizo acto de presencia, ya que el famoso juez no aceptaba abogados en su sala.

Me partía el alma que mi madre se gastara el dinero en aquel abogado inútilmente. No servía para nada, ni siquiera le dejaban traerme libros, me los conseguían los presos bajo cuerda. Llegó un momento en que sus visitas me desanimaban, en lugar de animarme. Teníamos que hablar por un telefonillo y con un cristal de por medio. Me sentía fatal y le dije que no viniera más. Él me dijo que podía solicitar que nos viéramos en la sala grande de visitas, junto con los otros presos. Acepté sólo para poder estar en la sala los martes, cuando venían los familiares de mis compañeros. Le decía al abogado: «Ya hemos acabado, pero quédate un rato más por aquí». Y venían los hijos de los otros presos y se sentaban en mis rodillas. Charlaba con ellos, jugábamos y les hacía bromas. Y sus padres, generosos, sacrificaban parte del tiempo que tenían para verlos y los dejaban que jugaran conmigo.

Yo sabía que era martes por el olor a perfume. En parte me gustaba, porque veía en mis compañeros caras de alegría, pero en parte me entristecía, porque a mí no me visitaba nadie, salvo el embajador y la cónsul cuando los dejaban. No es un reproche hacia ellos, ni mucho menos, venían cuando podían. Además, entiendo que tenían muchas otras cosas de las que ocuparse. De hecho, tengo que agradecer a Mar, la cónsul, que mientras estuve en Evin me animó mucho y me dio un apoyo psicológico muy importante para mí, como ya he comentado.

El desánimo que me asaltaba algunos días no me impedía seguir practicando la generosidad, que es otra de las cosas que me mantenía vivo. Cada martes les daba algún pequeño regalo a los hijos de mis compañeros, sobre todo colgantes de madera con sus nombres. A veces cuando hablaban por teléfono, me pasaban el auricular y los chavales me decían: «Gracias, Santiago, es muy bonito». También se aprendían frases en español, me cantaban canciones y tocaban el piano para que yo lo escuchara a través del auricular. Eran pequeños momentos de felicidad dentro del horror. Los niños en eso no fallan, son puro amor.

Otro momento en que encontraba cierto consuelo era cuando iba a la mezquita. Estaba abierta para todas las secciones, o sea, para las cuatro que estábamos en aquel edificio: los de espionaje, que éramos unos cincuenta, los de delitos económicos, etcétera. En total éramos unos quinientos presos.

La mezquita era un espacio cuidado y limpio, con alfombras cubriendo el suelo y muy bien decorado. Para los musulmanes, que eran mayoría, aquél era un espacio sagrado y se congregaban en él con respeto y humildad. En un rincón había una cocinita donde cualquiera podía prepararse un té.

Aunque no soy musulmán, se me permitía la entrada a la mezquita. Algún compañero de la prisión me animó a ir, pero yo procuraba ser prudente y no meterme en temas religiosos, pues sé que para algunas personas son terreno resbaladizo. Temía que a alguien le pudiera sentar mal que un católico fuera a la mezquita. Sin embargo, cuando finalmente decidí aceptar su invitación, los compañeros me animaron a sentarme con ellos. «*Via, beshin*», decían, dando unas palmadas sobre la alfombra: «Ven, siéntate».

Regresé varias veces y siempre les hacía mucha ilusión verme. Me animaban a acompañarlos y se movían a un lado para hacerme sitio. Yo iba con un rosario que me había hecho en el taller de madera con huesos de aceituna y una cruz que compré durante mi viaje a pie, concretamente en Grecia. El hijo mayor de mi amigo Pablo Navascués me acompañó en mi viaje durante una semana y juntos compramos dos cruces bendecidas con agua del monte Olimpo.

Todo el mundo señalaba la cruz y decían «*masihi, masihi*», que significa 'cristiano'. Más allá de eso, nadie me dijo nunca nada por llevarla ni me puso ningún problema para entrar o quedarme allí. Cuando me apetecía, iba y me sentaba a meditar o a relajarme mientras ellos hacían sus rezos. O tomaba un té con ellos cuando no rezaban. Intentaba quedarme solo y sin llamar la atención, pero era imposible: siempre querían que me sentara con ellos y compartiera un té.

A veces celebraban ceremonias especiales, como una para conmemorar el aniversario de la muerte del *imam* Husáin, fallecido en el año 680 en la ciudad de Karbala y padre del cuarto imam, al-Sayyad. La mayor parte del tiempo oraban, cantaban y se golpeaban el pecho con las palmas de las manos siguiendo las instrucciones que a través de un micrófono daba un compañero de mi sección, Mohammed A., al que ya he mencionado y que era una especie de cura, salvando las distancias. Lo consideraban un *seyyed*, o sea, un descendiente lejano del profeta Mahoma, y le daban un trato especial, de mucho respeto.

La sala casi siempre estaba llena. Empecé a ir cada vez más, pues notaba que me relajaba y me hacía bien. Había paz en aquel lugar, a pesar de estar en el interior de una prisión. Lo cual demuestra que para la espiritualidad de las personas no hay muros ni rejas: cada uno lleva dentro la suya.

Uno de los días, este compañero dijo, a través del micro: «Hoy vamos a rezar por nuestro amigo Santiago, un español que está aquí con nosotros. Él es cristiano, pero ha querido acompañarnos». Y entonces empezaron a rezar todos por mí y por mi familia. Fue muy emocionante. Todavía hoy, al recordarlo, se me ponen los pelos de punta.

En mi sección había un chico, Sayat, que estaba condenado a muerte. Afortunadamente, a día de hoy le han levantado esa pena. Estando allí se enteró de la muerte de su padre, pero debido a su sentencia no le dejaron salir para asistir al funeral. Aquel día organizaron en la mezquita una ceremonia especial en honor al fallecido. Todos vestidos de negro, no ya por el funeral, sino porque había que vestir de negro para entrar en la mezquita, allí son muy estrictos con esto.

Después del funeral, prepararon unas teteras grandes, como para cien personas, y me ofrecí a repartir el té entre los presos. Iba con mi bandeja repartiendo té y dátiles, como si fuera uno más. De hecho, aquel día me sentí justo así: como si me hubieran aceptado y fuera uno más.

Tras los funerales, lo habitual es que los familiares del muerto se pongan en la entrada de la mezquita y todo el mundo vaya pasando para darles el pésame. En esta ocasión, como Sayat estaba en prisión, nos pusimos a su lado un compañero de la sección, Mehdi, y yo. Lo hicimos por darle apoyo en un momento tan duro, por no dejarlo solo, pues estaba muy afectado y lloraba. Pero lo emocionante fue que los asistentes a la ceremonia fueron pasando en fila a darle el pésame y también nos lo dieron a nosotros, como si fuéramos la familia de Sayat.

Estuve yendo a la mezquita prácticamente hasta el final de mi estancia en Evin. De hecho, dos semanas antes de irme se celebró otra ceremonia en mi honor en la que un chico de mi sección tocó la guitarra, el mismo que la había tocado el día de mi cumpleaños. Escuchaba sus rezos y todavía hoy, cuando los recuerdo, me emociono.

El colmo fue el día que me propusieron hacer la llamada a la oración. Normalmente, esta llamada la hace un musulmán con un micrófono, o incluso en muchas mezquitas de muchas ciudades es una grabación que está programada para que se active con la salida y la puesta de sol. Uno de aquellos últimos días en Evin, como una muestra de respeto que no olvidaré, me propusieron que hiciera yo la llamada. Fue un momento increíble.

Por cierto, espero que ningún musulmán se moleste al leer esto, pues lo hice lo mejor que pude y con el máximo respeto. Para mí fue un honor y me siento agradecido por esa muestra de hermandad entre las personas y los pueblos.

Aquellos momentos en la sala de visitas con los hijos de mis compañeros, o en la mezquita compartiendo rezos y té con mis compañeros, me hacían mantener la fe en la vida. Me ayudaban a seguir luchando, aunque fuera dentro de la prisión, por un futuro mejor para la humanidad. Me ayudaban a mantenerme fuerte, a pesar de la injusticia, de las enfermedades y de los momentos duros que estaba viviendo.

Después de bajar a los infiernos y vérmelas con mis demonios, en algún momento hice un clic y decidí que iba a seguir luchando por un futuro mejor, para mí y para todos. Ése era, al fin y al cabo, el lema que había presidido mis viajes, desde el primer viaje largo por Sudamérica hasta el que había hecho en bicicleta y aquel último, que me había llevado hasta Irán.

Recordar esto hizo que se volviera a despertar en mí la inquietud por la ecología y por trabajar por un planeta mejor para todos. Empecé, por ejemplo, a reciclar las bolsas de plástico. Cuando ibas a comprar al economato, te daban siempre una bolsa, tanto si hacías una compra grande como si te llevabas sólo una bolsa de pipas y un bote de tomate. Y luego la gente las tiraba a la basura. Yo sufría, porque veía que aquello no era bueno para el medio ambiente, así que un buen día decidí pasar por todas las secciones recogiendo bolsas para reciclarlas. Iba por todo el edificio diciendo «*nailon, nailon*», que quiere decir «bolsa» en farsi, y me las llevaba para reciclarlas.

También me fijé en que la mayoría de los presos dejaban el grifo abierto mientras se lavaban los dientes. Pasaba a su lado y me ponía de los nervios al ver cómo malgastaban tanta agua, no lo entendía. Así que hablé con un compañero y me ayudó a crear unos carteles en farsi pidiendo que hicieran un uso sensato del agua. Los pegué en todos los lavabos y las duchas: «Por favor, cierra el grifo mientras te lavas los dientes». Había un hombre mayor, de unos sesenta años, que al principio no me hacía caso, pero que después de tanto insistirle con amabilidad, al final un día se rio y dijo: «Vale, vale, ya sé lo que tengo que hacer». Y cerró el grifo.

Volvía a creer en el futuro. Volvía a tener esperanza.

14

Unos llegan, otros se van

Hacia el mes de octubre empezó a llegar gente nueva a mi sección. Algunos presos, los que tenían condenas de larga duración, seguían cumpliendo su pena con normalidad, pero aumentó el movimiento, con algunos que salieron y otros que entraron.

Sufría un fuerte impacto emocional cuando llegaba alguien nuevo. Ver su cara de miedo, de estrés o de pena me destrozaba, quizás porque me recordaba a mí mismo durante mis primeros meses recluido, en Saqqez, Sanandaj y, finalmente, Evin. Por eso, siempre que llegaba un nuevo recluso trataba de acogerlo y de hacerle el aterrizaje más fácil: darle un abrazo, consolarlo, ayudarlo a acomodarse...

Algunos compañeros de la sección, cuando entraba alguien nuevo, ya tenían la costumbre de decirle, medio en broma medio en serio: «Busca a Santiago, él te echará una mano». Incluso mi querido Kamal a veces me regañaba porque le daba mi manta o mi ropa al recién llegado. Me decía: «Ésa no es tu labor, tú no tienes que darles tu manta». Pero en aquella época ya volvía a refrescar y lo cierto es que a muchos de los que llegaban no les daban prácticamente nada, supongo que esperando que después compraran lo que necesitaban, si es que tenían dinero para hacerlo. Yo compré al menos cuatro mantas en aquel tiempo que estuve preso en Evin, aunque en mi caso era porque regalaba las mías.

Más allá de las bromas de los compañeros, la verdad era que estaba empezando a coger galones, a convertirme en un veterano. Eso no me impedía ser sensible ante el espanto o la incredulidad de los nuevos presos, que no sabían dónde los metían ni con quién. La veteranía podía haberme curtido y fomentar mi indiferencia, mi pasotismo, mi resignación, pero no lo permití. Si algo me negué a perder, a pesar de las circunstancias, fue la generosidad, la compasión y la humanidad.

Ayudar a los que llegaban me permitía, de paso, ayudarme a mí mismo a seguir con mi viaje interior. Un viaje en el que no me movía de sitio, pero que me estaba permitiendo conocerme mejor, saber quién es realmente Santiago Sánchez Cogedor, de qué pasta está hecho y cómo reacciona ante la adversidad. Era una prueba muy dura, la que me estaba poniendo delante el Universo, y más de una vez en aquellos meses estuve cerca de hundirme, pero siempre encontraba una fuerza que volvía a sacarme a la superficie. Una fuerza llamada amor. Amor por la vida y amor por mis congéneres, fueran cuales fueran las circunstancias.

Aquella actitud era lo que me mantenía en pie, la razón para levantarme cada mañana y seguir luchando. Tenía un propósito, una labor que hacer: conocer a nuevas personas y seguir ayudando. Ése era mi porqué. Y, como dice la conocida frase de Viktor Frankl: «Quien tiene un porqué, siempre encuentra un cómo».

No todos los presos que llegaban, sin embargo, necesitaban mi ayuda. En concreto, por aquellas fechas llegaron dos de golpe que parecían peligrosos. Era extraño, porque normalmente llegaban de uno en uno. Sólo en una ocasión, desde que yo estaba allí, habían llegado dos reos a la vez: un hombre condenado a diez años por espionaje y su sobrino, condenado a un año.

Los dos nuevos que llegaron tenían muy mala pinta. No ya porque tuvieran muchos tatuajes, pues yo también tengo bastantes, sino por su actitud medio agresiva medio altiva. Se instalaron en mi celda sin que nadie les dijera nada. Al cabo de un rato, me miraron y empezaron a hacerme gestos con la mano como si llevaran una pistola, me apuntaran y me dispararan.

Aquello me asustó mucho. Procurando que no me vieran, puse varias almohadas en mi cama para simular que había alguien durmiendo y me fui a dormir a otra litera. No me fiaba ni un pelo. Afortunadamente, al día siguiente los trasladaron, pero todavía no sé por qué me hacían aquellos gestos amenazantes justamente a mí. ¿Conocían mi historia? ¿Les molestaba por algún motivo que estuviera allí? ¿Los habían metido para asustarme y que dejara de protestar?

Nunca llegué a saberlo.

En mi sección sólo había un chico pakistaní, Abbas, que llevaba más de tres años allí. Yo procuraba ayudarlo comprándole unas empanadas llamadas *sambooseh*, que preparaba y vendía para sacarse algo de dinero. También le daba algo de comida a cambio de que me hiciera algún masaje después de hacer deporte, especialmente los días en que me dolía la espalda.

Un día me crucé con Abbas por el pasillo de la sección. Iba a toda prisa y tenía cara de preocupación. Le pregunté qué le pasaba y me explicó que lo habían llamado porque acababan de llegar a la sección cuatro compatriotas suyos y estaban en una especie de recepción que teníamos en el piso superior. Al cabo de un momento, todo el mundo se enteró de la llegada de los pakistaníes y se empezó a respirar cierta tensión.

Me quedé cerca de la puerta, atento a su llegada. Cuando entraron, vi que había dos más jovencitos, casi unos niños, y dos más mayores. Uno de los mayores se llamaba Bilal y tenía aspecto de europeo. De hecho, tenía también nacionalidad italiana, pues había estado viviendo en Italia ocho años. Además de urdu, que es la lengua que mayoritariamente se habla en Pakistán, e italiano, hablaba un inglés muy bueno. El otro mayor no recuerdo cómo se llamaba, sólo recuerdo que lo instalaron en la celda de Abbas.

Había cinco celdas en mi sección. En una estaba el jefe de la sección, el *bakilban*, y gozaba de algunos privilegios. Como tenía dinero, pagaba para estar tranquilo y vivir bien. El resto, hasta unos cincuenta presos, nos apañábamos en las cuatro celdas restantes, cada una de las cuales tenía a su vez un jefe. Entre los jefes hablaron sobre qué hacer con los recién llegados y decidieron distribuirlos en las cuatro celdas, cada uno en una. Yo me mantuve al margen porque vi que había mucha tensión y no quería líos.

De los dos jovencitos, uno se llamaba Mohammed Zubeir y el otro Mohammed Shazib. El primero tenía aspecto de crío y sospecho que debía de ser menor de edad, pero no tenía documento de identidad ni sabía qué día había nacido. El segundo, también un adolescente, se instaló en mi celda y, aunque era buen chico, tuve un par de discusiones con él porque fumaba y yo le regañaba para que lo dejara.

A Zubeir casi lo adopté. Se le veía muy desamparado. Nada más llegar, me abrazó, se puso a llorar y traté de consolarlo. Le dije que se sentara en el suelo de mi celda, sobre una alfombra, y le llevé un vaso de leche con canela que se bebió como si no hubiera probado nada mejor en su vida. Esto me costó una discusión, porque uno de los veteranos de mi celda, un hombre mayor que estaba condenado a muerte, quiso echarlo.

De muy malas maneras le dijo que se fuera, que no podía estar allí, que aquélla no era su celda, y yo me encaré con él por primera vez desde que estaba en Evin. Podía entender que estuviera estresado, pero era un crío y lo natural era ayudarlo. Le dije que, al querer echar al chico, me estaba faltando el respeto a mí, pues yo lo había invitado a entrar. Discutimos y, por suerte, el resto de los presos se puso de mi lado.

Aunque me costó alguna discusión con los más veteranos, Zubeir al final tenía permitido entrar en mi celda. Yo siempre tenía té preparado para él. Le dejaba mi silla, que estaba forrada con almohadas y una manta supercómoda, y yo usaba la de algún preso que estaba de permiso, y juntos veíamos el fútbol por las noches, que a él le encantaba. Veíamos de todo: partidos de la liga iraní, partidos de Champions... La verdad es que eran momentos muy agradables. Y a Zubeir, que por lo general estaba muy nervioso, se le veía feliz y relajado.

Ni él ni su amigo tenían zapatillas de deporte, iban en chanclas. De hecho, cuando llegaron no tenían nada, ni siquiera ropa de recambio. El primer día vi que no se lavaban los dientes y, como me fijo mucho en esas cosas, comprobé que no tenían cepillo. Así que al día siguiente me fui al economato y les compré un cepillo y un tubo de pasta de dientes a cada uno. Lo más sorprendente es que no sabían ni cómo utilizarlo, tuve que enseñarles: movían la cabeza en vez de mover la mano con el cepillo. Cada noche los buscaba para que se los lavaran y ellos se escondían.

Lo único que les dieron al llegar fue una manta raída y maloliente que nadie en España utilizaría para arroparse. Yo le di a Zubeir mi manta y mi almohada, y poco después le conseguí un colchón. También, como vi que quería jugar a voleibol, le di mis zapatillas, pues yo tenía dos pares. En realidad, yo allí dentro era un privilegiado, porque gracias a la ayuda económica de mi familia y mis amigos tenía de todo. Después de jugar a vóley, se fue para las duchas y vi que no tenía toalla, así que le di también una toalla y una camiseta de recambio.

Cada mañana, antes de irme al taller de madera, despertaba a Zubeir y le preparaba un buen desayuno, con tostadas, café, miel, etcétera. Charlábamos y yo lo animaba, le daba esperanza y le decía que no se preocupara. Me aseguraba de que desayunara en condiciones y luego me iba a hacer mis cosas. El chaval acabó viniendo conmigo a todos lados, como si yo fuera su padre. Casi no se separaba de mí.

Zubeir y sus compañeros pakistaníes no tenía dinero, pero yo no podía hacerme cargo de todos sus gastos, así que hablé con el *bakilban*, el jefe de la sección, y les buscamos un trabajo. Básicamente se encargaban de la limpieza general y de la lavandería. Por ejemplo, limpiaban el patio antes de los partidos de vóley, cosa que hasta aquel momento hacía yo. Eso les permitió, durante el tiempo que pasaron allí, disponer de algo de dinero para comprar comida y lo mínimo para vivir.

Tampoco tenían derecho a llamadas, así que los ayudé con eso. Logré que pudieran llamar a su familia y que Bilal contactara con la embajada italiana, que le puso un abogado. Así consiguieron que los llevaran ante un juez, que les dijo que los liberarían en un par de semanas. Al parecer los habían detenido por entrar sin permiso en Irán, pero no debieron de hacer nada grave, porque no tardaron en dejarlos en libertad. En total, estuvieron en Evin unos dos meses.

Primero liberaron a dos de ellos y se quedaron Zubeir y Bilal, muy nerviosos al ver que los otros salían en libertad y ellos se quedaban presos. Yo procuraba distraerlos para que no estuvieran todo el día dándole vueltas a la cabeza, básicamente porque yo sabía lo que era eso. Uno se puede volver loco pensando qué debe de estar pasando fuera de la prisión y especulando sobre cuándo lo van a dejar salir.

Yo tampoco quería pensar en cómo me sentiría cuando se fuera Zubeir. Por supuesto quería que lo liberaran, pero también temía el momento de separarnos, pues le había cogido cariño. Le hablaba de él a mi familia, incluso al embajador, y ellos también se enternecían con su historia y se reían de las anécdotas graciosas que les explicaba. Siempre que los llamaba, sacaba algo de los pakistaníes, sobre todo de Zubeir y Mohammed, los más jovencitos.

A veces, mientras hablaba por teléfono con algún amigo mío, le pasaba el auricular a uno de los dos chicos y les hablaban. No entendían mucho, porque en el poco tiempo que llevaban no les había podido enseñar mucho español, pero estoy seguro de que notaban el afecto al otro lado del teléfono.

A Zubeir me lo llevé un día al taller de madera. Le gustaban mucho los trabajos que yo hacía, así que le dije que me acompañara. No tenía acceso, pues para tenerlo había que presentar una solicitud y, si te la aceptaban, pagar la plaza. Había sólo quince plazas para unos quinientos reclusos.

Aquel día llegué con él al taller y le dije al profesor: «Oye, que va a estar este chico un rato conmigo». Y, como yo ya era un veterano y me tenían respeto, respondió: «Vale, Santiago, si está contigo no pasa nada». Le senté en mi silla y escribí su nombre sobre un trozo pequeño de madera, ya que él no sabía escribir ni había utilizado un bolígrafo en su vida. Luego le dejé mi sierra y recortó su nombre con cuidado, formando una medalla que atamos a una cuerda y se colgó al cuello diciendo «*manan, manan*» ('lo he hecho, lo he hecho'). Entusiasmado, se encaminó a la puerta para enseñar lo que había hecho a todos los presos. Cuando giró el cuello para buscarme con la mirada, señalé al profesor y le dije que tenía que darle las gracias. Le dio un abrazo y regresamos juntos a la sección para enseñar su obra de arte a todos los presos.

Cuando le comunicaron que finalmente lo dejarían libre, le dije a Zubeir que tenía que cortarse el pelo, que no podía irse a su país con las pintas que llevaba. Me señaló para indicarme que lo hiciera yo y, no sé muy bien cómo, terminamos en el patio, él sentado en una silla y yo de pie con una maquinilla en la mano.

Confiaba tanto en mí que también creía que yo sabría cortarle el pelo. Pero yo no tenía ni idea. Mi única experiencia previa en ese sentido fue un día, mucho tiempo atrás, en que le corté el pelo a mi hermano pequeño. Al día siguiente no fue al colegio. Éste era mi nivel como peluquero.

Sin embargo, allí estaba yo, en el patio de la prisión, la maquinilla encendida y Zubeir sonriendo y confiando en mí. Pasaron algunos presos y nos preguntaron si estábamos seguros de lo que estábamos haciendo, y ambos contestamos que sí, que no había problema. Algunos se quedaron para ver el espectáculo.

Empecé por las patillas y por el pelo que le tapaba las orejas. Primero una y luego la otra. Pero la cosa no era tan fácil. Cuando vi el resultado y cómo estaba quedando, paré. No me atrevía a seguir cortando. Estaba seguro de que si seguía le haría un destrozo todavía peor del que ya le había hecho.

Se levantó, se miró en un pequeño espejo y, como era de esperar, puso cara de no estar convencido. Parecía un guerrero charrúa con la piel morena y las cicatrices en la cara. Entonces le dije que sujetara la maquinilla. Me senté en la silla sujetando el espejo y le indiqué con gestos que me hiciera el mismo corte (por llamarlo de alguna manera, que me perdonen los peluqueros y las peluqueras) que yo le había hecho.

Después de unas pasadas y algunos trasquilones, me puse a su lado, levanté el brazo y nos hicimos un *selfi* imaginario, como si tuviera un teléfono en la mano. Él se reía. Todos nos miraban y aplaudían. No borró la sonrisa de su cara en todo el día y a todo el que le veía le decía: «*Bebin, bebin, Santiago, man inyurí*». O sea: «Mira, Santiago y yo vamos iguales».

El día en que liberaron a Zubeir fue agridulce. Me alegré mucho por él, claro, pero emocionalmente fue un palo. Un palo muy feliz, pero un palo.

Eran las siete de la mañana cuando me despertó Kamal diciéndome que se iba. Enseguida vino a despedirse de mí. Me dio un abrazo llorando y diciendo: «Amigo, amigo». En aquellas semanas le había enseñado algunas palabras en español. Después del abrazo, quiso devolverme las zapatillas de deporte que le había dado, pero le dije que ni hablar, que se las llevara puestas, que no se podía ir en chancletas.

Me levanté y le puse una camiseta del Real Madrid, una de las que me habían enviado de la embajada para organizar aquel clásico entre el Madrid y el Barcelona. Seguramente el primer clásico de la historia entre rejas. Luego le acompañé hasta la mismísima puerta y me quedé allí, mirándole con los ojos nublados. Pestañeé y se me cayó una lágrima al suelo.

Regresé a mi celda, alegre y triste a la vez.

Aquel día escribí esto en mi cuaderno de memorias:

Hoy viernes me ha despertado mi amigo Kamal a las siete con esta frase: «Buenos días, *tronqui*. Tu amigo Zubeir se va. Levántate». Otro jarro de agua fría. He saltado de la cama con lo más parecido a un sentimiento de ansiedad, o eso creo. Al fondo del corredor he escuchado su inocente voz. «*Santiago collas.*» '¿Dónde está Santiago?' He salido de mi celda y allí estaba, con los brazos abiertos, esperándome. No recuerdo en qué idioma le he hablado ni las cosas que le he dicho, pero sí recuerdo que mis lágrimas eran de felicidad. Él me decía «Gracias, gracias, gracias, amigo». Llevaba una bolsa de plástico con los calzoncillos húmedos que no se le secaron de la noche anterior. Una camisa dos tallas más grandes que la suya y un pantalón con unas rodilleras de diferente color. Ésas eran sus pertenencias. Sacó de una de las bolsas un folio arrugado y un poco húmedo con un dibujo para mí. Parecía que lo había hecho un niño de cuatro años. Unas casas, unos árboles y dos personas jugando al fútbol. A mí me pareció muy bonito y lo guardé como un tesoro en mi corazón. El dibujo y, por supuesto, el gesto.

Le acompañé hasta el final, donde estaban las rejas y los guardias esperando a que saliera. Allí nos dimos otro abrazo, el último. Luego caminó hacia el mostrador, donde le dieron un papel y puso su huella dactilar. Entre los barrotes y un poco borrosa veía su silueta. Llevaba un gorro de lana y era eso lo que me hacía diferenciarle. Le indicaron que podía salir y allí seguía yo, con la corriente de los pasillos, sin sentir ni frío ni calor. Justo antes de salir por la puerta, se giró como si alguien le hubiera llamado. Se quitó el gorro y con la otra mano se señaló el corte del pelo con una supersonrisa. En ese momento parpadeé. Cayó una lágrima al suelo, limpiando así los ojos. Puse mi mano derecha en el corazón y extendí la otra, como si nos hiciéramos un selfi de despedida.

Amigo Zubeir, no dejes que nada ni nadie te quite las ganas de seguir soñando. Sigue sonriéndole a la vida y dando las gracias por lo que tienes. Quizás no lo sabes, pero tú me enseñaste y ayudaste más que yo a ti. Disfruta de la vida y recuerda que en España tienes un amigo.

15

Mentiras piadosas

Llegó noviembre, empezó a hacer mucho frío y pensé: «Joder, me voy a comer aquí otro invierno». Estaba tan harto que por un momento se me pasó por la cabeza hacer otra huelga de hambre. Se lo comenté al embajador, que se puso las manos en la cabeza y me dijo que ni se me ocurriera, que estaban a punto de llevarme ante el juez y que eso sería un punto negativo, que se lo tomarían como un desafío o como una falta de respeto.

Yo no entendía nada ni sabía qué hacer. Me iban dando esperanzas, pero luego nunca se cumplía lo que me decían. También me desanimaba ver que mi caso empezaba a olvidarse en España. Sólo mi familia y mis amigos se acordaban de mí, pero ya no había repercusión en los medios ni manifestaciones ni nada. Recuerdo que un día mi madre me dijo que habían convocado una manifestación en la puerta del Ministerio de Asuntos Exteriores, en Madrid, y que había ido mucha gente. Luego mencionó cuatro nombres y resultó que los cuatro eran de la misma familia. Agradezco muchísimo a todos los que fueron su presencia, por supuesto, pero está claro que mi madre no me estaba contando la realidad. Me estaba diciendo que había mucho ruido, pero era mentira. Una mentira piadosa para que yo mantuviera mis esperanzas y no me desanimara.

Mi principal distracción seguía siendo el taller de madera, donde un profesor me ayudó mucho, tanto a mí como a mis compañeros. Allí diseñaba y creaba cuadros y medallas no sólo para mis compañeros de la prisión y sus familiares, sino también para mis amigos españoles. Esperaba poder dárselos en persona pronto, aunque seguía sin tener claro si eso iba a ser posible. En la embajada me seguían diciendo que todo iba por el buen camino, pero los días pasaban y no había novedades.

Uno de los cuadros que más tiempo me llevó pero que más me gustan es el de mi amigo Antonio. Una de las peculiaridades de Antonio es que es muy alto. Hace un tiempo me tatué su nombre y puse debajo su altura: 1,98. Su cumpleaños es el 29 de diciembre y quería prepararle algo especial.

Afortunadamente, pude entregarle el regalo sólo cuatro días después de su cumpleaños, cuando aterricé en el aeropuerto de Madrid el 2 de enero de 2024. Pero de eso hablaré más tarde. El caso es que después de irse Zubeir y el resto de los chicos pakistaníes me enfoqué en hacer cuadros de madera con una triple intención: hacer regalos para mis amigos, vender algunos a mi vuelta a

España para sacar algo de dinero y poder devolverle a mi familia el dinero que se estaban gastando y, sobre todo, mantenerme ocupado y no pensar mucho.

Para el cuadro de Antonio conté con la ayuda de un compañero, Mohammed A., el *seyyed*, al que he mencionado unas páginas atrás, cuando hablé de mis visitas a la mezquita. Mohammed A. dibuja muy bien, así que le pedí que hiciera un dibujo en el que apareciera yo con el vestido a rayas de preso, mi amigo Antonio y mis amigos Coque y Miguel. El dibujo que hizo es éste:

En él se puede ver una paloma que yo no incluí en el trabajo final. Le representa a él después de quedar libre, según me contó. Aunque cuesta apreciarlo, sobre mi hombro se ve una cagada de la paloma, que dibujó para hacerme una broma.

Hice lo que buenamente pude, claro: calcaba el dibujo, recortaba en un folio los diferentes pedazos, los serraba, los pegaba... Las cadenas, que en este caso tienen una simbología positiva (los cuatro amigos unidos en la adversidad), las hice con unos llaveros que me consiguió un preso con la mediación de un guardia, que era como se conseguía casi todo allí. En cualquier caso, creo que no hay duda de quién de los cuatro es Antonio y quién soy yo, ¿verdad? Ah, el que está a mi izquierda es Miguel y el otro es Coque. A ellos también les hice su propio cuadro, que por suerte me dejaron llevarme a España y pude entregárselos en mano.

Podría poner más fotos del resto de cuadros que fui haciendo durante ese año, pero los iré colgando en mis redes sociales.

En aquellas fechas hablaba a menudo con el embajador y le decía que estaba agobiado, que llevaba ya más de un año preso y todavía no me había visto ningún juez. Él me decía cualquier cosa para calmarme, incluso que lo mejor era que no me viera ningún juez, pero cada vez era más difícil creerle. Creo que las suyas eran, como las de mi madre, mentiras piadosas, porque la única verdad era que a él también lo estaban mareando las autoridades iraníes, que un día le decían una cosa y otro día otra. Aunque yo sabía que hacía todo lo que estaba en su mano, todo aquello hacía que cada vez estuviera más enfadado.

En esa época entró un preso en mi celda que por las noches roncaba mucho. Lo apodé *lion*, 'león', justo por eso. Roncaba tanto que algunas noches, desquiciado, me iba al pasillo a dormir. Ni con unos tapones para los oídos que me consiguió un preso podía conciliar el sueño. Aquello, que en otro momento me lo habría tomado a risa o con filosofía, hizo que todavía me enfadara más y me pusiera más nervioso.

Mi abogado seguía sin servirme de nada. De hecho, en la prisión había varios abogados que el juez había encarcelado por acompañar a sus clientes al juzgado. Era una locura: un juez que no aceptaba abogados defensores y, cuando éstos aparecían por su juzgado para defender a su cliente, los enviaba a prisión.

Un día de primeros de noviembre, Mohammed A., que es un hombre muy espiritual, me contó que había tenido un sueño. Me lo dijo después de que los guardias pasaran por la celda a comprobar que estábamos todos, como hacían cada mañana. Él solía acompañar al guardia para hacer esa comprobación y luego ya podíamos hacer nuestra vida normal, si es que la vida dentro de una prisión se puede considerar normal.

Creo que fue en el patio, tomando un té, porque él solía salir al patio a fumar. Yo ya me llevaba puesto mi mono para ir al taller de madera. Entonces me dijo: «He tenido un sueño. He soñado que tú y yo vamos a salir en libertad. Que vamos a ir al juez juntos y vamos a salir juntos. Y que nos vamos a ver en Europa». Me lo dijo muy serio y dándome muchos detalles, pero yo me lo tomé un poco a risa. Confiaba en él, pero me pareció que era otra de las mentiras piadosas que todo el mundo me soltaba esos días para que mantuviera la esperanza. Le dije que parara y que no me contara películas, pero él insistió en que realmente había soñado aquello y que estaba convencido de que era una premonición, que iba a suceder lo que había soñado. Y añadió que era una señal y que nos llegarían más en los siguientes días.

No le hice más caso y me fui al taller de madera a seguir con mis cuadros, lo único que realmente me relajaba. Me ilusionaba la idea de presentarme con un regalo ante mis amigos el día que, por fin, me dejaran ir. Allí era capaz, a pesar de todo, de mantener el buen humor y hacer bromas; tenía varios compañeros con los que me llevaba bien, como Louis, un francés al que el juez, precisamente, había condenado a cinco años de cárcel por esas fechas.

Aquella misma tarde, mientras estaba en el patio con Mohammed A. y otros, vimos pasar por el cielo dos aviones que volaban juntos. Mi amigo se emocionó y me dijo: «¡Mira, mira, es una señal! ¡Somos nosotros!».

Pocos días después, mientras jugábamos un partido de voleibol o de fútbol, no lo recuerdo bien, alguien le pegó muy fuerte al balón y éste salió fuera del patio. Mohammed A. vino y me dijo: «*This is the last sign*». Le pregunté a qué se refería y me contestó que aquélla era la última señal que estaba esperando.

Al día siguiente, ya por la noche, cuando cortaban las llamadas y cerraban la puerta, un preso que manejaba información confidencial me dijo que al día siguiente el juez me llamaría para que fuera a verlo. Me quedé sorprendido, sobre todo por saberlo de aquella manera. Al día siguiente llamé a Ángel, el embajador, y resultó que él no sabía nada. Hizo averiguaciones y al cabo de unas horas me dijo que sí, que le habían confirmado que al día siguiente iría en presencia del juez. Así es cómo circulaba la información allí: lo supe yo antes que el propio embajador.

Esa misma noche me dieron un traje a rayas nuevo y me dijeron que no podía ponerme nada de ropa debajo para evitar que escondiera algún objeto con el que tratar de escaparme, como al parecer había hecho un preso hacía poco.

Yo estaba muy nervioso. No quería que me llevaran ante aquel juez por la fama que tenía de enviar a tantas personas a la horca, pero al mismo tiempo agradecía que al menos hubiera algún movimiento.

Al cabo de un rato se presentó en mi celda Mohammed A. con su propio traje a rayas y me dijo: «Mira, mañana voy al juez. Y tú también. Vamos juntos».

16

El juicio (o algo parecido)

Por la mañana me despertaron Mohammed A. y el guardia de turno, que hacían la ronda matinal para comprobar que nadie se hubiera escapado. Fui hasta la zona de visitas, que era donde se agrupaban los reclusos, y que por algún motivo tenía movimiento aquel día: visitas al médico, al abogado, al juzgado... Ahí me hicieron esperar una hora, en una celda con el resto de los presos, mientras los nervios iban en aumento. Luego me sacaron, me esposaron a un guardia y le dieron a él una hoja con mi nombre, los días que llevaba en Evin y mi acusación, es decir, el motivo por el cual estaba en prisión preventiva.

A diferencia de la vez anterior en la que salí de la ciudad-prisión para ir al médico, en esta ocasión el ambiente estaba más relajado. Los guardias que nos acompañaban a Mohammed A. y a mí, ya que los dos íbamos al mismo juez, me conocían y estuvieron todo el camino haciendo bromas. Tuvieron la deferencia de no apretarnos mucho las esposas para que no nos dolieran. No es que te las pudieras quitar, pero al menos pasaba un dedo entre las esposas y las muñecas. Eso era un alivio, porque en otras ocasiones me habían puesto las esposas muy ajustadas y era doloroso. Yo le decía al guardia: «Amigo, me estás jodiendo, me hace daño», pero no siempre eran amables.

Cruzamos todo Teherán en el coche. Cuando parábamos en un semáforo, la gente se nos quedaba mirando, pues nuestro traje a rayas nos delataba como presos. El país, además, estaba patas arriba, en plena crisis política, con grupos revolucionarios y manifestaciones todos los días, así que nuestra presencia por las calles de la capital llamaba todavía más la atención.

Llegamos a un edificio, entramos y nos llevaron a través de unos pasillos hasta la puerta de la sala 15, la del famoso y temido «juez de la horca», apodo que le pusieron los presos de la cárcel. Me llamaron a mí primero. Entré y saludé en inglés y en farsi, como hacía siempre que llegaba a un sitio: «*Good morning, salam sob bejeir*». Me preguntaron si hablaba farsi y dije que sí, cosa que los sorprendió. En aquel momento llevaba ya trece meses y medio compartiendo celdas de diferentes prisiones con reclusos que en su mayoría hablaban farsi y, como soy una persona a la que le gusta mucho comunicarse con todo el mundo, me parecía de lo más normal que hubiera acabado aprendiéndolo.

Al cabo de un momento entró el juez en la sala. Mi primera impresión quizá no fue buena por los nervios o por todo lo que había escuchado de él, pero finalmente terminamos haciéndonos amigos y bromeando. Yo estaba un poco asustado, porque no había nadie de la embajada en la sala. Esperaba encontrar al menos un traductor de español-farsi que me ayudara a expresarme con precisión y no meter la pata. Unos días antes de la vista había hablado con el embajador y me había advertido de que no firmara nada y de que midiera mucho mis palabras para no cabrear al juez. Tenía alguna esperanza de encontrar por allí, aunque fuera en los pasillos, a mi abogado. Le pregunté por él al juez y su respuesta fue la siguiente: «Si viene aquí tu abogado, le meto en la cárcel contigo». Ése era el nivel.

Louis, el francés, que se había visto con aquel juez poco antes, me había contado cómo era todo. Me había dicho que en realidad todo era un teatro, que hacían lo que querían. A él le habían condenado a cinco años por lo que llamaban «demostración», es decir, por simples indicios. Tampoco le habían permitido tener un abogado. Como supe poco después, a él lo acusaban de lo mismo que a mí, que no era espionaje, sino incitar a desórdenes públicos, o sea, agitar a la gente y animarla a manifestarse y protestar. Le podían caer entre dos y cinco años, pero como Francia no negocia con Irán, le habían dado el máximo, cinco años.

Era todo muy caótico. Cuando protesté por no poder expresarme en español o en inglés, ya que el farsi tampoco lo dominaba tanto, hicieron entrar a una chica que chapurreaba un poco el inglés y que tenía aspecto de ser la encargada de la limpieza de los juzgados. No sabía si reír o llorar, porque aquello me parecía una auténtica mofa, un teatro, como me había dicho Louis.

Con la ayuda de aquella chica entendí lo que me exigía el juez para seguir adelante: que renunciara explícitamente a mi abogado y aceptara uno del régimen que me ponían ellos y que estaba allí, a unos metros de mí. Protesté un poco, porque no me parecía serio. Un minuto antes me había dicho que no aceptaba abogados y ahora me imponía uno de su cuerda. Pero recordé las palabras de Ángel, en el sentido de que fuera prudente, así que al final, después de un poco de tira y afloja, acepté. En realidad, no tenía otra opción. Lo que me estaba diciendo, en el fondo, era esto: «No tienes alternativa. O aceptas o te vuelves a prisión sin fecha de salida».

Como no podía hacer nada más, miré el reloj de la sala y, sin poder evitar la broma, dije: «Bueno, pues si ya estamos me voy, que tengo partido de voleibol». Se oyeron carcajadas detrás de la puerta, tanto de los guardias como de mi amigo Mohammed A., que esperaban allí con la oreja pegada. El juez sonrió y me dijo que ya me podía ir y que me darían cita para una semana más tarde. Y me animó a que hablara con mi nuevo abogado, que por cierto no sabía ni una palabra de inglés, y le explicara mi caso.

Ahí acabó mi primera visita. Me quedé con el corazón encogido, pensando que me iban a caer como mínimo diez años.

Cuando a la vuelta lo comenté con Mohammed A., me dijo que aquello era una buena señal: «*This is a good signal, very good way*». Me comentó que había escuchado, mientras esperaba afuera esperando para entrar en la sala, cómo alguien comentaba en farsi que el juez sabía que yo era inocente y que en realidad aquello era un paripé para que todo pareciera ajustado al derecho internacional y yo no pudiera reclamar nada en el futuro. No sabía si creérmelo. Me habían dicho muchas veces que todo estaba a punto de arreglarse y ya llevaba un año largo encerrado por nada.

Al cabo de una semana, tal como me había dicho, me volvieron a llevar en presencia del juez. También esta segunda vez fui con Mohammed A., que seguía con sus señales y con su optimismo. «Nos veremos en Europa, amigo.» Nos sentaron juntos en la parte de atrás del coche unidos por las esposas. Yo apreté las suyas haciendo broma y diciendo que mi compañero era muy peligroso, y los agentes que nos acompañaban se rieron.

Esta vez, cuando entré en la sala, todo parecía más serio y formal, más «oficial». Me pusieron un traductor de la embajada, Babak, un profesor de universidad con el que sigo en contacto a día de hoy y al que, por cierto, han echado de la universidad en la que daba clases. Me explicó que había estado en España, concretamente en Alicante, y lo hizo con un español casi perfecto. Eso me inspiró confianza.

El juez, después de los saludos correspondientes, dijo: «Bueno, Santiago, sabemos que no eres espía».

Me salió contestar en inglés: «*I know, I know*», como diciendo: «Joder, eso ya lo sé yo desde el principio, pero me habéis tenido encerrado más de un año». A continuación añadió: «Pero creemos que has venido a alborotar la seguridad nacional. La seguridad del país». Puse caras e hice amago de protestar, porque aquello tampoco era verdad. Yo estaba viajando por el país sin ninguna pretensión de alborotar a nadie, sólo quería, de camino a Qatar, conocer al pueblo iraní y ayudar en lo que pudiera, como había hecho en todos los países por los que había pasado antes de llegar allí: España, Francia, Italia, Albania, Grecia, Turquía, Irak...

El traductor, nervioso al ver mi reacción, me contuvo y me dijo en voz baja: «Santiago, no pongas caras ni cortes al juez. Déjale hablar y escucha». Y yo: «Ya, pero es que esto es surrealista, no puedo aceptarlo». El juez siguió con su monólogo: «Irán y España tienen buenas relaciones políticas y queremos tener un gesto contigo. La República Islámica de Irán quiere tener un bonito gesto». El gesto, como explicó a continuación, era que iban a estudiar una posible condena, como en el caso de Louis, el francés, de entre dos y cinco años de prisión por alborotos y por atentar contra la seguridad del país.

Cuando me tocó el turno estaba enfadado, pero traté de ser diplomático. Dije algo así: «Muchas gracias a Irán. He conocido el color del corazón del pueblo iraní. Me están tratando muy bien en prisión. Os lo agradezco mucho. Sin embargo, no puedo aceptar esa condena, pues yo he venido a hacer cosas buenas al país». Les dije que podían ver en Instagram mi recorrido hasta llegar a Irán y lo que iba haciendo en cada lugar: recoger residuos por el camino, visitar orfanatos para alegrar la vida de los niños, plantar árboles, entregar ayuda a personas sin techo... Y les dije que, por el simple hecho de hacerme una foto frente a la tumba de Mahsa Amini, no merecía aquel trato ni aquella condena.

Me di cuenta de que el traductor maquilló parte de mi exposición al traducirla al farsi, pero en cualquier caso me respondieron, como en la primera vista, que aquello eran lentejas: o las tomas... o te quedas encerrado hasta que nos dé la gana.

Me dijeron que tenía que firmar un papel aceptando los dos años. Hablé con el traductor en español y le dije: «¿Qué hago, tío?». Su respuesta fue, más o menos, ésta: «Mira, por lo que estoy escuchando, no va mal la cosa. Te quieren condenar a esto para que tú no puedas luego exigir nada a Irán por haberte tenido aquí catorce meses preso por nada». Y yo: «¡Pero si lo acepto, igual tengo que pasar todavía diez meses más en prisión!». Y él: «No te preocupes, seguro que lo arreglan de alguna manera para que salgas antes».

Al final, siguiendo el consejo del traductor, acepté y firmé lo que me ofrecían. Me volví a la prisión con la tranquilidad de saber que no me acusaban de espionaje, que como he comentado anteriormente conlleva penas de entre diez años de prisión y pena de muerte. Pero, por otro lado, quedaba la incógnita de saber cuál sería la sentencia, porque podían condenarme por alborotos hasta a cinco años de prisión. No me podía imaginar que, por no hacer nada, tuviera que pasar casi cuatro años más de mi vida encerrado en Evin.

Al cabo de tres días me llevaron de nuevo ante el juez. Fue la tercera y última audiencia, esta vez para comunicarme ya la sentencia. Estaba allí el abogado que me habían impuesto. De hecho, luego supe que era amigo del juez. Comían juntos y en realidad había aceptado estar allí para apuntarse el tanto de que había conseguido mi liberación. Se le veía relajado e incluso hizo la típica broma que me hacían todos llamándome «Santiago Bernabéu». Yo, animado al verlo bromear, le dije que cuando quisiera podía venir a España y que allí no había problema, que no te apresaban por no haber hecho nada. También se lo dije al juez, que estaba delante y que no hizo ningún comentario, simplemente se rio.

Me comunicaron la sentencia. La cosa quedaba en dos años que, por beneficios penitenciarios varios y no sé qué, se reducía todavía más. La conclusión era que me iban a liberar enseguida. Me hicieron gestos con la mano diciendo que era cuestión de tres o cuatro días. Como es lógico, regresé a la prisión muy animado. Llamé a mi madre y a mis amigos y todos se pusieron contentísimos.

No obstante, en el fondo desconfiaba de que la cosa fuera tan rápida como me habían dicho. Durante los días siguiente fui llamando a la embajada para ver cómo estaba el tema y siempre me decían que estaban haciendo el papeleo y que la liberación era inminente. En una ocasión me dijeron que sería el 17 de diciembre, con lo que pensé que podría llegar a tiempo de recoger el premio al fomento del deporte que me había concedido el ayuntamiento de Alcalá de Henares, del que he hablado anteriormente. Pero llegó ese día y tampoco.

Estaba ya desquiciado. No saber cuándo tiempo te queda en prisión es durísimo, pero saber que te van a liberar y que no llegue el día, es igualmente más duro, quizás incluso más cruel. Ves el final del túnel, pero no llegas nunca. Es como si estuvieras en una carrera de fondo y te fueran moviendo el cartel de último kilómetro a medida que avanzas. Te levantas cada día pensando que va a ser el último, pero ese último día, ese último kilómetro, nunca llega.

17

Preparando otra Navidad entre rejas

El embajador, emocionado porque ya se veía el final de aquella pesadilla, me aseguró que iba a pasar las Navidades en mi casa con mi familia, pero se acercaba el 25 de diciembre y no había noticias. Además, algunos presos me advertían de que la cosa se podía alargar, que igual podía pasarme cinco o seis meses más allí, que en Irán nunca se sabe lo que va a pasar. Y me explicaban casos de gente a la que le habían comunicado que la liberaban pero luego resulta que le exigían una fianza que no podía pagar o le faltaba un papel que no llegaba nunca.

Yo escuchaba esto y me agobiaba, porque veía que los días iban pasando sin noticias. Llegó un momento en que estaba tan desquiciado que le dije al embajador que estaba pensando en hacer otra huelga de hambre. «¡Ni se te ocurra!», me contestó. Él temía, y con razón, que se pudieran tomar aquello como una ofensa y que echaran para atrás la sentencia. O que me impusieran otra por desacato a la autoridad o algo parecido. Realmente, podían pasar muchas cosas y lo mejor, según me decían, era esperar quietecito y sin abrir la boca, algo que ya estaba cansado de hacer.

Fueron, por tanto, unas semanas malísimas, con un sufrimiento muy grande. Una anécdota curiosa de aquellos días sucedió mientras mirábamos en la televisión las noticias, algo que hacíamos casi a diario. Por aquellas fechas se estaban produciendo unas revueltas en el Baluchistán, una zona en el este del país, en la frontera con Pakistán. Se produjo un atentado y murieron algunos policías que estaban de misión allí.

Cuando en el informativo aparecieron las fotos de los policías fallecidos, pegué un brinco. Uno de ellos era Wahid, el periodista que me habían metido en la celda cuando estaba en la prisión de Sanandaj, durante mis primeras semanas detenido. En aquel momento me pareció extraño que metieran a alguien conmigo que hablaba perfectamente inglés y que me hacía tantas preguntas sobre mi viaje, pero como estaba tan inquieto y me sentía tan solo, al final me dejé llevar. Hablé mucho con él y le conté muchas cosas de mi vida.

Una de las cosas que recuerdo de aquellos días con Wahid fue que me insinuó en algún momento que tal vez me convenía decir que era espía, pues si me declaraba culpable dejaría de estar aislado en una celda pequeña (casi sin comer, sin conexión con el exterior y en unas condiciones lamentables) y me trasladarían a una prisión más grande donde tendría mejores condiciones. De hecho, algunos presos que luego fueron mis compañeros en Evin me explicaron que, para evitar las condiciones tan duras a las que se veían expuestos en algunos centros de detención provisional, se declaraban culpables sin serlo. La presión a la que los sometían era tan grande que preferían aceptar una falsa culpabilidad.

Sorprendido al ver la foto de Wahid en las noticias como uno de los policías fallecidos en el atentado, le expliqué mi experiencia a Kamal, incluso lo del vídeo que me hicieron grabar diciendo «*I'm not a terrorist*» y que yo temí por un momento que pudieran manipular para inculparme. Él sonrió y dijo: «Santiago, ese hombre no era periodista, puedes estar seguro».

Yo seguía pidiendo libros a mis amigos. Les decía: «Enviadme más libros, que no hay nada que duela más que un alma insatisfecha». Debían de pensar que se me estaba yendo la cabeza, pero leer era una de las cosas que más me consolaba y me animaba. Me expandía la mente, era como un viaje.

Hicieron un envío a la embajada, por valija diplomática, de varios libros escogidos por mis amigos y dedicados. Pablo Navascués, por ejemplo, me envió *Manual del guerrero de la luz*, de Paulo Coelho. Los libros estaban en la embajada y yo los quería, pero era un riesgo enviarlos a la prisión, porque con lo lentos que iban los del servicio de inteligencia a la hora de revisar todo lo que me enviaban, seguramente se acabarían quedando en la prisión. Recuerdo las palabras de mi amigo Miguel: «Ojalá se queden los libros por ahí y tú te vengas. Eso es lo importante». Pero yo no quería renunciar a mis libros, así que al final, al ver que la cosa se alargaba, les dije a los funcionarios de la embajada que me los enviaran. Como me temía, tardaron demasiado en llegar y al final se han quedado en Evin.

Me resigné a pasar otra Navidad entre rejas. No fue fácil, porque mi familia había preparado una cena especial pensando que ya estaría con ellos en Nochebuena. Pero no había otro remedio. Louis, el chico francés de la sección 4 que me había hablado del juez de la horca, tuvo un detalle muy bonito. Hizo un árbol de Navidad de madera, con bolas y todo, y nos invitó a cenar a Kamal y a mí en su celda. Supongo que para corresponder, pues yo a menudo lo invitaba a las comidas que organizaba en mi sección, a los torneos de ajedrez, etcétera. Cenamos sólo unos pocos, ya que en Irán no se celebra la Navidad. Su calendario es completamente diferente. Para ellos el Año Nuevo, que llaman *nouruz*, es en marzo, como ya he comentado.

Después de la cena de Navidad, que realmente fue muy buena, prácticamente como la de un buen restaurante, empecé a pensar en la de Nochevieja. Resignado ya a pasarla en Evin, decidí preparar algo especial. Hice unas invitaciones para los compañeros de mi sección en forma de menú donde el precio de los platos se medía en abrazos y sonrisas:

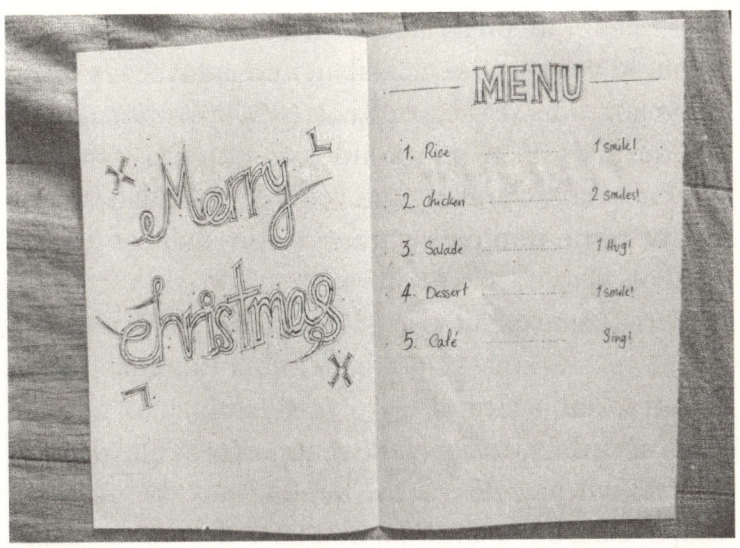

Todo estaba preparado para esa última noche del año, incluso había conseguido villancicos. Pero entonces llegó la gran noticia.

Me dieron la libertad a las siete de la tarde del día 31 de diciembre, o sea, una hora y pico antes de la cena de Nochevieja que había preparado. Me había vestido de negro, tratando de parecer un poco elegante, pues dentro de la prisión no nos obligaban a ir con el clásico traje a rayas. El resto de los presos también estaban nerviosos esperando la cena y el ambiente era, siempre teniendo en cuenta que allí no se celebra esta fecha, bastante festivo.

La forma en que comunicaban la libertad a los presos era a través de unos altavoces. Los guardias de la recepción del edificio avisaban por un teléfono interno a la sección y un preso atendía la llamada apretando un botón. Al descolgar se activaban unos altavoces y la voz de los guardias se escuchaba en toda la sección. Aquel día, después de varios sonidos como para llamar la atención de los presos, una voz dijo las palabras que llevaba tanto tiempo esperando, y además las dijo en español: «Santiago, eres libre».

No sé cómo explicar lo que sentí. Era una mezcla de emociones tan intensa que no había una más fuerte que otra. Había alegría, claro, pero también un poco de confusión, de no saber cómo reaccionar ni qué decir ni qué hacer. Y algo de tristeza, aunque parezca increíble, porque iba a dejar aquel lugar que, mejor o peor, había sido el mío durante el último año. Lo primero que me salió fue: «Joder, macho, ahora no me va bien salir, que tengo la cena preparada. ¿No me pueden dar la libertad mañana?». Evidentemente, era una broma.

Se agolparon en la puerta de la sección los compañeros con los que jugaba al fútbol y los del taller de madera, tanto los de mi sección como los de la sección 4, la de los delitos económicos. Entre ellos estaba Kamal, que me miraba llorando desconsolado. Nunca lo había visto así.

Tardé muy poco en recoger mis cosas, en parte porque no tenía casi nada y en parte porque, confiando en que en algún momento oiría esa llamada con mi nombre por los altavoces, lo tenía todo medio preparado. Había juntado los libros que me quería llevar, que eran sólo algunos que tenían mucho valor sentimental para mí, pues el resto los dejé en la biblioteca que compartíamos las diferentes secciones. También tenía envueltos los cuadros que había hecho en el taller de madera para llevarme a España, algunos para regalar a mis amigos y otros para vender o subastar cuando fuera posible. De esa manera, quería devolver a mis padres el dinero que se habían gastado y, si me quedaba algo, hacer algún tipo de obra social. En total había hecho más de cien medallas en todo aquel tiempo y bastantes cuadros con paisajes, animales..., que en el momento de escribir esto tengo todavía en mi piso de Alcalá de Henares a la espera de encontrar la ocasión para venderlos (por cierto, los iré publicando en mi Instagram para las personas interesadas: @santiago_sanchez_cogedor).

Otro sentimiento que experimenté, ya camino de la puerta, fue inquietud y recelo, porque algunos presos me habían advertido de que tal vez no me darían la libertad de primeras, sino que me llevarían un tiempo a otra sección. Y yo ya me conocía esas idas y venidas, esos traslados de una sección a otra o de una prisión a otra. En total había estado, en aquellos quince meses que llevaba preso, en al menos una decena de celdas diferentes de cinco centros de detención.

En cualquier caso, lo primero era salir de allí, y aquello ya se convirtió en una realidad palpable en el momento en que dijeron mi nombre por los altavoces. Después de reunir mis pertenencias a toda prisa, regalé a un compañero de celda las que no podía llevarme:

el colchón, las cortinas, las mantas... La cama era un buen regalo, ya que de todas las de la celda, la mía era la más cómoda. La cafetera se la di a un chico al que le encantaba el café de máquina, y a otro le di una de mis camisetas.

Todavía dentro de la celda, me despedí de Kamal, que estaba llorando. Nos dimos un abrazo y le dije: «Amigo, no llores. Todo está bien. Pronto nos vamos a ver». Le dije las frases que le repetía siempre cuando tomábamos el café de la mañana y conversábamos sobre mil cosas. Él las llamaba «las mañanas con Pambu». Nos despertábamos pronto, preparábamos el desayuno y siempre, al final, yo le decía: «Venga, amigo, no te rindas, no te des por vencido».

Secándose un poco las lágrimas, me leyó una carta de despedida que me había escrito:

Querido amigo Santiago:

Nunca olvidaré ese nombre y tu forma de ser tan especial, ni cómo una persona puede cambiar el funcionamiento de una prisión entera. Tu implicación en el deporte, con los torneos de fútbol que organizabas con presos de otras secciones. Tu seriedad para el voleibol, que hizo que todos cambiáramos y fuéramos más serios y disfrutáramos del deporte de otra manera, y me incluyo. Ahora lloro de alegría por tu liberación. Tu nombre y el de tu país quedarán tallados para siempre en el taller de madera y en el fondo del corazón de muchos presos. Cuando alguien pregunte quién es Santiago, nos encargaremos de explicar quién es y lo que hizo en esta prisión y en el corazón de todos esos presos y de sus familias. *Dusteman*, Santiago, amigo mío, no cambies nunca. No dejes que nada te cambie y continúa con el viaje y el camino tan bonito que has elegido para esta vida. Santiago Sánchez, un español que cambió esta prisión para siempre. Tus amigos de la sección 4 y de la sección 1 te quieren y nunca te olvidarán. Eres una perla, amigo. Una perla en Evin.

Secándonos las lágrimas, Kamal y yo salimos de la celda con la mochila y las bolsas. En el pasillo se habían agolpado un montón de presos y charlaban en medio del jolgorio festivo que se había organizado. Allí pedí un momento de silencio y le entregué a mi compañero del alma una carta de despedida que había escrito en español para que él la tradujera al farsi y la leyera en voz alta. Todos callaron de golpe. Era larga, de cinco o seis folios, pero en resumen venía a decir:

Queridos amigos:

Quiero que sepáis que me llevo un buen recuerdo de este tiempo compartido con vosotros. Habéis sido como una familia. Si en algún momento he dicho o hecho algo que haya ofendido a alguien, os pido disculpas, porque no ha sido nunca mi intención. He vivido un año bajo mucha presión. Todos hemos vivido con mucha presión. Pero hemos sabido apoyarnos y ahora debéis seguir haciéndolo. Cuando regrese a España diré, y bien alto, que el pueblo iraní es bueno y que en Irán tengo muchos y muy buenos amigos. MUCHAS GRACIAS POR TODO. *Dastetoon dard nakoneh.*

Cuando Kamal acabó de leer la carta, todos aplaudieron. Había unos cincuenta presos, prácticamente todos los de mi sección, algunos de ellos sentenciados a muerte que tal vez ya no estén entre nosotros. El preso con mayor antigüedad, Mohammed Reza, me mostró una especie de diploma que habían hecho mis compañeros para mi despedida. En él, todos habían puesto su huella dactilar formando un marco:

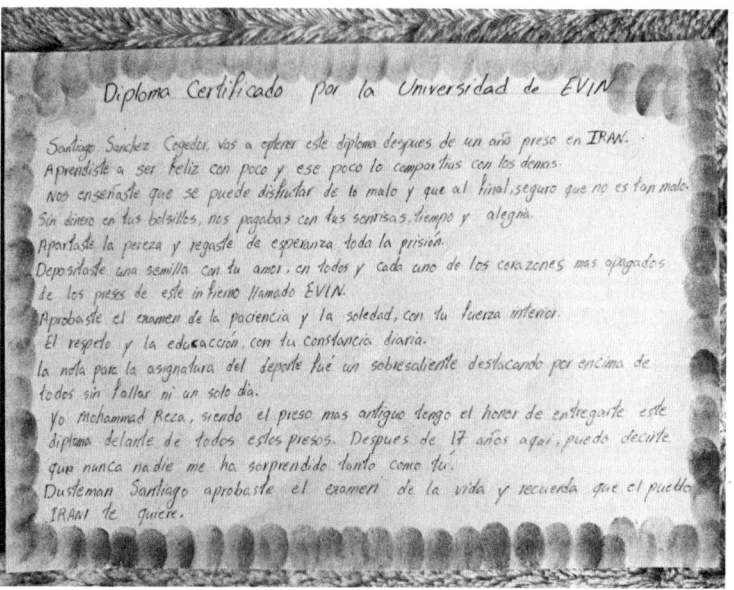

La leyó en voz alta:

Diploma certificado por la Universidad de EVIN.

Santiago Sánchez Cogedor, vas a obtener este diploma después de un año preso en IRÁN.

Aprendiste a ser feliz con poco y ese poco lo compartías con los demás.

Nos enseñaste que se puede disfrutar de lo malo y que, al final, seguro que no es tan malo.

Sin dinero en tus bolsillos, nos pagabas con tus sonrisas, tiempo y alegría.

Apartaste la pereza y regaste de esperanza toda la prisión.

Depositaste una semilla con tu amor en todos y cada uno de los corazones más apagados de los presos de este infierno llamado EVIN.

Aprobaste el examen de la paciencia y la soledad con tu fuerza interior.

El respeto y la educación, con tu constancia diaria.

La nota para la asignatura del deporte fue un sobresaliente, destacando por encima de todos sin fallar ni un solo día.

Yo, Mohammed Reza, el preso más antiguo, tengo el honor de entregarte este diploma delante de todos estos presos. Después de diecisiete años aquí, puedo decirte que nunca nadie me ha sorprendido tanto como tú.

Dusteman, Santiago, aprobaste el examen de la vida, y recuerda que el pueblo IRANÍ te quiere.

No había tiempo para más, ya que los guardias me estaban esperando. Los compañeros me siguieron hasta la puerta cantando canciones emocionados. Algunos se ponían la mano en el pecho y me dedicaban un último saludo emocionado. Otros lloraban y me pedían cosas, como que hablara con sus esposas. Otros me metían papeles en los bolsillos con su teléfono.

Finalmente se abrió la puerta. Me giré y le di un último abrazo a Kamal, que se quedó llorando. El guardia me hizo firmar y poner la huella. «Bueno, Santiago, eres libre», dijo. Di dos pasos hacia afuera, pero me detuve un momento y me giré. Dejaba atrás una vida, unos amigos, unas familias. Dije en farsi: «Nos veremos pronto, amigos».

Lo último que hice antes de salir fue lo mismo que había hecho cuando se marchó Zubeir, el chico pakistaní: levantar la mano y hacerme un *selfi* imaginario con todos mis amigos detrás de aquellas rejas, algunos llorando, otros con la mano en el corazón y otros diciendo en español: «¡Adiós, amigo!». La guardo en mi corazón para siempre.

18

Vaya tela, chaval

En la puerta del edificio me esperaba un coche muy nuevo con las lunas tintadas y dos agentes de los servicios de inteligencia. Metieron mis cosas en el maletero y me indicaron que subiera detrás. Uno de los agentes se sentó a mi lado y me dijo que apoyara la cara en el reposacabezas del asiento de delante para que no viera por dónde íbamos. Le dije que no, que era una tontería porque conocía toda la prisión. La verdad es que estaba ya cabreado con todas las torturas a las que me habían sometido en aquel año largo durante los traslados, siempre con los ojos vendados y con esposas.

Camino de la salida, pararon en la sección 209, donde me habían alojado cuando llegué a Evin. Temí por un momento que me hicieran bajar y me dejaran allí, pero la parada era para recoger mi teléfono móvil, mi cartera y mi pasaporte. Ahí sucedió algo curioso: en mi cartera estaban todavía mis tarjetas de crédito, pero no el dinero que llevaba cuando me detuvieron. Ni un duro. No dije nada. Quizás se lo hubiera quedado algún guardia o se lo habrían dado a Umit, aquel chico al que le prometí ayuda y luego se chivó de que yo tenía una manta de más. En realidad, ya no me importaba.

El pasaporte se lo quedó uno de los agentes, que lo metió en una bolsita y lo puso a sus pies. Me fijé exactamente dónde para tenerlo localizado.

Salimos de la prisión y empecé a ver la ciudad. Era de noche. Empezaron a recorrer el mismo camino que cuando me llevaron al juez y por un momento pensé que íbamos allí y que me dejarían en un calabozo. Estaba en tensión y desconfiaba de cualquier movimiento.

El agente que iba conmigo atrás me dijo que me tenía que vendar los ojos. Ya estábamos otra vez con el mismo tema. Quise protestar, pero me pareció que no era oportuno, ya que seguramente me llevaban a un edificio de los servicios secretos iraníes y parecía lógico que no quisieran que yo viera nada, aunque ya había quedado más que claro que yo no era un espía.

De pronto hicieron un cambio de sentido, avanzaron por varias calles y entraron por una rampa a los sótanos de un edificio. Detuvieron el coche y el guardia a mi izquierda salió para dar la vuelta y abrir mi puerta. Aproveché ese momento para alargar la mano, coger mi pasaporte a tientas y escondérmelo. No sabía cómo podían ir las cosas, pero al menos yo ya tenía mi documentación.

Después de eso, me llevaron hasta un ascensor. Cuando me quitaron la venda, estábamos en una sala como de hotel donde había un camarero. Me dijeron: «Siéntate, Santiago, vamos a cenar». Me pusieron el plato de comida delante y dije que no quería. En Irán, si te ofrecen comida en una mesa y dices que no lo consideran una falta de respeto, pero es que yo tenía el estómago cerrado. Estaba muy nervioso y lo único que quería era irme de allí. Para que no se lo tomaran a mal, les dije que ya había cenado antes de salir de la prisión, lo cual era mentira.

Al cabo de un rato hicieron unos gestos y me dijeron que los acompañara. Me llevaban como si fuera superimportante o como si fuera un trofeo. Me metieron en otro ascensor y al abrirse salimos a otra sala con el suelo enmoquetado, unos sofás y una lámpara imponente. Allí nos encontramos, al fin, con la delegación española: el embajador y unos hombres a los que no conocía y que resultaron ser agentes del CNI, el servicio de inteligencia español.

Estaba con ellos el jefe de los servicios de inteligencia iraníes. Me lo presentaron y me dio la mano. «*Santiago, welcome*» fue lo primero que dijo. Luego siguió en inglés, diciéndome que lo sentía mucho y que la República Islámica de Irán quería tener un gesto conmigo: «Te vamos a dar la libertad. Y serás bienvenido si quieres volver. Siempre que tú quieras».

Luego se acercó Ángel Losada, al que se veía muy inquieto, y me abrazó. «¡Lo hemos conseguido!», me dijo en voz baja, muy emocionado. Después nos hicieron unas fotos, supongo que para dejar constancia de que me daban la libertad. Todos me hablaban y yo estaba un poco sobrepasado. El embajador andaba preocupado porque decía que teníamos que avisar al ministro y porque había que decidir quién daba la noticia. A mí aquello me traía sin cuidado, la verdad. Lo único que quería era que se acabara todo cuanto antes y volver a mi casa con mi gente.

El jefe de los servicios de inteligencia no paraba de hablarme y volvió a disculparse. Yo entonces le dije en farsi: «¿Por qué me habéis tenido aquí si soy inocente?». «Santiago, es que aquí el proceso va muy lento.» Y yo: «Ya, pero ¿por qué tanto tiempo si sabéis que soy inocente?». El embajador se quedó sorprendido de mi dominio del farsi y me preguntó de qué estábamos hablando y cómo había logrado hablarlo tan bien. Y entonces hice una broma que me podría haber salido cara, pero que no pude evitar: «Es que soy espía, Ángel».

Aquello no parecía acabar nunca. Después de ir y venir por la sala varias veces hablando con varias personas, Ángel se acercó: «Me han dicho que se quedan tu pasaporte y nos lo dan mañana. Eso no me gusta nada». Y entonces le respondí, en susurros: «Ángel, el pasaporte lo tengo yo. Se lo he quitado de una bolsa a uno de los servicios secretos». Y él: «¡Bien hecho! Vámonos ya».

Antes de salir me hicieron firmar un papel en el que aceptaba que era culpable de desórdenes, como había establecido el juez, y que no podía reclamar nada ni declarar en contra de Irán. Eso fue lo último antes de salir del edificio. Fuera nos esperaba el chófer de la embajada.

Ángel y yo nos sentamos en el asiento de atrás y la primera llamada que hizo, con muchos nervios y después de asegurarse de que yo tenía mi pasaporte conmigo, fue al ministro de Asuntos Exteriores, José Manuel Albares. Para un chaval de barrio como yo que nunca había tratado con autoridades, hablar por teléfono con un ministro fue flipante. Me preguntó cómo estaba y lo único que se me ocurrió fue decirle esto: «Pues mira, ya estamos libres». Como si sólo hubiera pasado una noche en un calabozo. Luego Ángel llamó a mi madre y me la pasó.

Llegamos a la residencia de la embajada, donde vive la delegación diplomática española. Ahí estaba la esposa de Ángel, su hijo, su cuñada... Me estaban esperando con la mesa puesta para cenar juntos y celebrar aquella Nochevieja tan especial. La mujer del embajador me recibió con un abrazo y un beso. Me llevó a la habitación de invitados, donde me habían dejado un chándal de la selección española de fútbol y unas zapatillas de estar por casa. Era todo fantástico, pero por un momento me sentí incómodo. Los seres humanos somos animales de costumbres, y yo me había acostumbrado a mi celda y a mi cama, así que experimenté durante unos segundos la necesidad de estar allí. Es raro, pero me sentía más incómodo allí que en mi celda. Por suerte, la sensación pasó pronto.

Le pedí la contraseña del wifi a la mujer del embajador y puse a cargar el móvil. Entró una cantidad enorme de mensajes, tantos que se bloqueó el teléfono.

Pensé que ya lo solucionaría más adelante. Me di una ducha y bajé a cenar. Me habían preparado una cena especial, tanto por el hecho de ser Nochevieja como para conmemorar mi liberación.

Me sentía rarísimo. Estaba tan alucinado que no paraba de repetir: «Vaya tela, chaval. Vaya tela». A día de hoy, cuando hablo con el embajador todavía repite en broma esas expresiones tan típicas mías. Incluso mis excompañeros, según me cuenta Kamal, van por la prisión y de vez en cuando se acuerdan de mí y dicen, con su acento farsi: «Vaya tela, chaval».

El día siguiente era 1 de enero de 2024. Teníamos varias cosas que hacer, entre ellas, comprar el billete de vuelta a España. El embajador, todavía nervioso, buscó vuelos. Compramos uno con Emirates vía Dubái. Nada más comprarlo, nos llamaron de Qatar, que es el país al que yo iba cuando me detuvieron, y se ofrecieron a encargarse de todo, poniéndome un pasaje en primera clase hasta Madrid. Ángel se lo agradeció, pero les dijo que acababa de comprar el billete.

Me acompañaron al aeropuerto de Teherán esa misma noche. Ángel seguía tenso, no se fiaba. Yo creo que no se relajó hasta que el avión despegó y salió de Irán. Me decía: «Santiago, hasta que no dejes el espacio aéreo iraní no voy a estar tranquilo. Ha habido presos a los que incluso dentro del avión les han dicho que había un error y se los han llevado».

Me acompañó hasta la misma puerta del avión, donde nos hicimos una foto despidiéndonos. Me dio un último consejo al oído: «Santiago, no hables farsi hasta que aterrices en Dubái, por favor». En el avión, dos chicos me reconocieron, pero me hice el dormido hasta Dubái. Allí hice una escala de siete horas. El embajador había llamado a no sé quién de la compañía para que me pusieran en la sala VIP y pudiera estar ahí tranquilo. Allí desayuné una tostada de salmón y un café que me supieron a gloria.

Unas veinticuatro horas después de despegar de Teherán, llegué al aeropuerto de Barajas. Esperé en la cinta a que salieran todas mis cosas, entre ellas, las bolsas con los cuadros que traía para mis amigos, que sabía que estaban esperándome fuera con mi familia y muchos medios de comunicación, unos cincuenta, según me dijeron. Lo puse todo en un carro y me dirigí a la salida. Pasé por el control de la Guardia Civil y uno de los agentes hizo este comentario, tal cual: «Hay una liada ahí fuera que te cagas».

Y así era. Ahí estaban mis queridos amigos, entre ellos, Pablo Navacués apartando a todo el mundo para que pudiera salir. Y José Félix Ramajo, que fue el primero al que abracé. Y Francho y todos los demás. Y, por supuesto, mis padres, mi hermana, mis sobrinos, mi cuñado... ¡Madre mía, qué locura!

Estuvimos ahí un buen rato, abrazándonos, atendiendo a los medios de comunicación, entregando los regalos que traía para mis amigos. Después de ahí me llevaron a mi casa y ahí empezó un nuevo viaje.

Mientras escribo estos capítulos finales estoy en contacto con varios de los presos con los que compartí esta aventura. Porque yo estoy libre, pero la libertad no acaba en una persona. Es como esas ondas que se forman cuando tiras una piedra a un lago: afecta a todo el lago.

Uno de ellos, que estaba en la sección 2 de la prisión de Evin, acaba de salir en libertad. Una de las primeras cosas que ha hecho es enviarme un mensaje diciéndome que toda la prisión canta ahora en español y se saludan diciendo «buenos días». Y muchos, cuando se cruzan en los pasillos o juegan a voleibol, sueltan expresiones como «vaya tela, chaval».

Con los que ya están en libertad intercambiamos mensajes de ánimo o nos ponemos al día de cómo estamos. Con los que están todavía dentro es más difícil.

Por ejemplo, con Kamal no puedo hablar, tiene las llamadas restringidas y no tengo forma de comunicarme directamente con él. Por eso le acabo de pedir a otro compañero, Mehdi, que ha salido unos días de permiso, que le escriba en un pedazo de papel este mensaje y se lo dé en persona: «Amigo Kamal: No me olvido de ti, siempre estás en mi pensamiento. Muy pronto nos volveremos a ver. Tenemos un sueño que cumplir».

Sé por propia experiencia que cualquier mensaje de ánimo que venga de fuera de la prisión es de agradecer. Te anima y te ayuda a resistir. A él, afortunadamente, le queda poca condena que cumplir, pero a veces los días se hacen duros y cuesta arriba. Parece que el tiempo se detenga y que nunca vayas a salir de ahí.

Sólo hace unos meses que regresé y apenas he tenido tiempo de aterrizar y volver a situarme. Pero tengo claras algunas cosas. La primera y principal es que volvería a hacerlo. Volvería a preparar mi carro y lanzarme al camino. No me arrepiento del viaje, ni de los anteriores ni del último. Al contrario: viajar me ha permitido conocerme mejor y saber lo que quiero y lo que no. Cuando empiezas un viaje nunca sabes lo que sucederá. Ésa es la gracia del viaje, y por eso se le compara tan a menudo con la vida. Se dice que la vida es un viaje, con sus paisajes, sus retos, sus compañeros de camino... y sus imprevistos.

Esos imprevistos son a veces duros. Te ponen a prueba. Ponen a prueba tu verdadera vocación de viajar, de experimentar, de vivir. Lo explica muy bien Cesare Pavese en esta cita: «Viajar es una brutalidad. Te obliga a confiar en extraños y a perder de vista todo lo que te resulta familiar y confortable, tus amigos, tu casa. Estás todo el tiempo en desequilibrio. Nada es tuyo excepto lo más esencial: el aire, las horas de descanso, los sueños, el mar, el cielo; todas aquellas cosas que tienden hacia lo eterno o hacia lo que imaginamos como tal».

Dentro de la prisión de Evin tuve varios sueños y uno de ellos fue volver a ir a ver mi equipo de fútbol con mis amigos. Como si el destino y la vida conspiraran a mi favor, exactamente cuatro días después de mi llegada a España, el 6 de enero de 2024, mi equipo jugaba en Aranda de Duero un emocionante partido de Copa del Rey: Arandina contra el Real Madrid.

Fui con mis amigos, quienes, con un gesto conmovedor, se habían puesto en contacto con el club para preparar una sorpresa. El club nos invitó al hotel del Real Madrid, donde pude charlar con algunos jugadores, como los capitanes Nacho y Carvajal. No podía creer que estuviera conversando con ellos durante más de quince minutos sobre cómo sobreviví quince meses en prisión, como si fuéramos amigos de toda la vida, compartiendo anécdotas de jóvenes apasionados por el fútbol. Y aún recuerdo la cara de sorpresa de Nacho cuando le contaba que hablaba con las hormigas para mantenerme fuerte.

Nacho, el actual capitán, me expresó su admiración: «Eres un ejemplo para todos en la cantera, reflejas los valores del Real Madrid: lucha, esfuerzo y compromiso. Estás invitado a dar una charla cuando desees para contar tu historia». Además, tuvo la gentileza de regalarme su camiseta firmada, un tesoro el cual llevo siempre que voy a ver a mi equipo jugar.

El club y el presidente de Peñas tuvieron otro grandioso detalle conmigo: fui invitado al palco de honor del Santiago Bernabéu el 21 de enero de 2024 para el partido contra el Almería, que ganamos 3 a 2. En el descanso del partido, Florentino Pérez me recibió en su despacho.

Hablamos unos minutos; su trato fue increíblemente cálido y sincero, lo que añadió una dimensión especial a mi sueño hecho realidad. No sólo fue un momento destacado para mí, sino también para mis amigos, quienes visitaban el palco de honor del Bernabéu por primera vez.

Aunque sé que tal vez no se repita un día como ése, guardo un profundo agradecimiento hacia todos en el Real Madrid: desde la directiva, pasando por el fotógrafo o hasta el personal de seguridad. Cada uno de ellos me ofreció una sonrisa y un abrazo que nunca olvidaré.

Hala Madrid, siempre hasta el final. Vamos Real.

No todo el mundo se atreve a viajar y a vivir. Es respetable, pero creo que una vida no «viajada» es una vida no vivida.

Creo también que no hay que viajar para escapar de la vida, sino para que la vida no se te escape. Por eso hace unos años renuncié a un trabajo seguro y a una vida tranquila en Madrid para lanzarme a recorrer el mundo. Me llamaron aventurero por eso, pero yo me considero simplemente un viajero. Alguien que, como tú, está por aquí de paso, pero que no renuncia a sentir, a conocer y a levantarse cada mañana con ganas de vivir. Aunque eso me lleve a asumir riesgos.

El 2 de enero de 2024 llegué al aeropuerto de Barajas, donde amigos y familiares me hicieron un recibimiento que no olvidaré jamás. Tampoco olvidaré esos quince meses en prisión. Fueron duros, en algunos momentos muy duros. Pero estoy aquí para contarlo.

Porque después de la tormenta sale el sol.

Porque por mucho que apriete la adversidad, hay que mirar adelante.

Porque se puede salir adelante.

Se puede.

Abril de 2024

Epílogo

Releo el libro antes de entregárselo a la editorial y me emociono. Tengo que parar en varios momentos porque la emoción me impide seguir leyendo. Son muchos los recuerdos, algunos muy duros, por supuesto, pero otros entrañables, positivos, enriquecedores.

Eso es justamente lo que he intentado transmitir con este libro: que todo en la vida, incluso los momentos más difíciles, puede ayudarnos a crecer como personas. Si vas con el corazón por delante, todo suma en el balance de la vida, incluso las injusticias, como las que yo viví; incluso el encierro durante meses; incluso la enfermedad vivida en la soledad de una celda. TODO tiene un mensaje para ti y para tu vida.

En los peores momentos en prisión salió lo mejor de mí. Apareció, por ejemplo, la imaginación: yo no era un preso, sino un astronauta español en misión especial a la Luna (incluso hacía ruidos, como si respirara dentro del traje espacial) o un profesor de idiomas trabajando como voluntario en un país extranjero. Y me decía: «Santi, no te preocupes, que esto va a acabar y, cuando vuelvas, podrás explicar tu aventura». ¡Qué poderosa es la mente cuando la hacemos jugar a nuestro favor!

En aquellos meses salieron también la solidaridad y la compasión que todos llevamos dentro. Entre no hacer nada o ayudar a mis compañeros de aventura, tuve claro desde el principio que elegía lo segundo. Porque incluso encerrado en una prisión, uno puede elegir entre resignarse o ayudar; entre la pasividad o la acción; entre el egoísmo o el altruismo; entre la nada o el todo.

La vida tiene memoria. Por eso creo que hay que intentar hacer cosas buenas, siempre y en cualquier circunstancia. Si actúas de corazón, todo lo bueno que hagas te volverá multiplicado.

Los quince meses que pasé encerrado en Irán, entre las prisiones de Saqqez, Sanandaj y Evin, fueron como toda una vida concentrada, con todo lo que suele tener la vida: dolor y placer, sufrimiento y lucha, enfermedad y superación, llegadas y despedidas, alegrías y tristezas, soledad y compañerismo, derrumbes y superación...

Me quitaron la libertad, pero me dieron algo a cambio: tiempo. Un tiempo maravilloso que aproveché para hacer otro tipo de viaje: un viaje interior. En él descubrí muchas cosas, entre ellas, que la puerta de la felicidad se abre hacia adentro y cada uno de nosotros tenemos nuestra propia la llave. Esa llave no la tiene ningún guardia, ningún carcelero: la tienes sólo tú.

El sufrimiento de esos 453 días entre rejas no me lo quita nadie, no me lo puede reparar nadie. Pero no quiero quedarme en el rencor. Acumular odio y rencor es de débiles y de cobardes. Yo he decidido quedarme con la parte buena de la experiencia. Y la parte buena es que ese tiempo fue para mí la antesala de un despertar. Antes me preguntaba: «¿Para qué estoy aquí? ¿Cuál es mi misión? ¿Cuál es mi propósito en la vida?». Ahora lo tengo claro: vivir con la mano abierta.

Mi sueño sigue siendo el mismo que cuando emprendí este viaje: salir y conocer el mundo. Que no me lo cuenten ni verlo en la tele. Mi sueño es poder decir: «Allí estuve yo». Ir por el mundo sembrando sonrisas y abrazos, sonriéndole a la vida y ayudando al que lo necesite.

Desde que he vuelto, he decidido que nada ni nadie me va a quitar las ganas de vivir ni la sonrisa. Incluso he añadido una sonrisa a mi firma. De hecho, cuando llegué a España tenía el DNI caducado y al renovarlo firmé así:

No voy a renunciar a mis sueños. Más aún, los voy a perseguir todavía con más fuerza. Porque los sueños se pueden alcanzar.

Escucha a tu corazón y no permitas que nada ni nadie te quite las ganas de soñar. Si tienes un sueño, un proyecto, una ilusión, no lo dudes: ¡lánzate! No preguntes a nadie o, mejor, ¡ESCUCHA A TODOS Y DECIDE TÚ! En algún momento del futuro, cuando seas muy mayor o estés a las puertas de la muerte, te mirarás al espejo y te sentirás satisfecho/a de haberlo hecho o, como mínimo, de haberlo intentado.

La vida es como un río que va corriendo sin preguntar a nadie. No dudes en bañarte, no dudes en saltar, aunque el agua esté fría o no tengas toalla, porque mañana puede que sea tarde y el río esté seco.

Y si estás pasando un mal momento o te estás enfrentando a una enfermedad grave, si estás justo ahora luchando contra tus demonios, piensa que las fronteras más grandes están en la mente. Aprieta los puños y sigue caminando con fuerza. Esto que ahora te parece tan malo, tal vez no lo sea tanto. Tal vez algún día lo veas como un gran aprendizaje.

Y si finalmente llega la muerte, piensa que al menos habrás dejado una buena semilla, un buen recuerdo. La muerte no es el final si uno se empeña en vida en dejar algo bueno tras su paso. Si la bondad y el cariño presiden sus pasos y son su carta de presentación allí donde va.

Cada día que pasa es un día más, no un día menos. Cada vez que abres los ojos por la mañana es un regalo. Un regalo que te dan la Vida y el Universo. Agradécelo. Agradece tener piernas y poder caminar. Agradece estar libre y poder decidir. Agradece lo que tienes y no te lamentes por lo que no tienes.

Corre, salta y baila siempre que puedas. Canta en la ducha con un micrófono imaginario. Sécate con el viento mientras miras al horizonte pensando en qué harás mañana. Viaja siempre que puedas. Conoce otros países, culturas y tradiciones. Come con las manos, sentado en el suelo o en los mejores restaurantes. Pruébalo todo, no te quedes con las ganas. Habla en otro idioma y no tengas vergüenza de equivocarte. Enamórate de una persona de otro país, llora en una despedida y sonríe a la vida a la vez. No mires el reloj. Di más «te quieros». Y si algún día tienes alguna duda, pregúntale a tu corazón. Ése nunca te fallará.

No dejes que la pereza se apodere de ti. Camina. Camina todo lo que puedas, por plazas, por senderos y montañas. ¡Quédate sin suelas! Viaja ligero de equipaje, que todas tus pertenencias quepan en una mochila. Se puede viajar con poco y llegar muy lejos, sobre todo si compartes lo que tienes con los demás.

Monta en tren y también en barco. Camina de puntillas y también con paso firme. Haz cosquillas al mundo en el que vives y cuídalo como si fuera tu propia casa o tu habitación.

Ponte las gafas de la alegría y mira todo de color esperanza. No la pierdas nunca. Ésa será tu llave maestra. Con ella podrás abrir todas las puertas que quieras. Vuela de la mano con tu imaginación por todos los cielos y tormentas posibles. No te preocupes si te sueltas. Este ensueño incluye paracaídas.

Recuerda: sé feliz y no hagas daño a nadie. Vive intensamente y exprime cada minuto como si fuera el último. Disfruta de lo bueno y aprende de lo malo, porque al final seguro que no es tan malo. Ayuda y sonríe siempre que puedas.

No esperes más.

Ahora mismo puedes dar el primer paso y empezar a caminar.

No dejes que te lo cuenten.

Sal.

Camina.

Abre los ojos.

Conoce.

Disfruta.

Saborea la vida en colores.

Así lo han vivido ellos

Lloré tu muerte estando vivo, querido amigo.

Si tengo que describir cómo viví desde aquí tu encarcelación, te contaré que cada llamada era una lucha contra la desesperación y la angustia que me producía no poder ayudarte de otra forma que no fuese con mis palabras. Al mismo tiempo necesitaba no transmitirte nada de eso, pues sólo te habría hecho más daño. Esto me sirvió de aprendizaje, aprendí a valorar pequeñas cosas, como el hecho de tener al resto de mis amigos y poder verlos. O la posibilidad de tomar un café en una terraza al atardecer...

Necesitaba esas llamadas, necesitaba saber que estabas bien, y por eso cada día de 9.30 a 10.30 la esperaba con ganas. Te diré que fue durísimo no saber cuándo ni tan siquiera llegaría el día de volver a verte, pero todo eso ya pasó y gracias a esa fortaleza mental y a que eres un auténtico luchador, hoy volvemos a disfrutar de ti.

¡Gracias por tanto, amigo Pambu!

JORGE GARCÍA (COQUE)

La vida es una gran aventura, pero Santiago es consciente de que el ser humano no es nómada por naturaleza.

Nos gusta tener todo controlado. Sin embargo, descubriste tu serenidad en la aventura, en el cambio constante y en saber que los sueños y los proyectos están para cumplirlos.

Es muy importante saber quién eres y ser fiel a tus prioridades y a tu forma de ser.

El corazón late por encima de la razón.

El corazón de Santiago late, el resto no importa.

MIGUEL BERGADO

Escucharte cuando me llamabas, con ese ruido de fondo, será algo que no olvidaré en la vida, pero sabía que cada llamada era un día menos para verte de nuevo y tomarnos esas cervezas frías y nuestro bocata de panceta. No pienso decirte nunca que dejes de hacer lo que quieras, ya que sin sufrimiento no hay recompensa.

Este libro es el resultado de todo este sufrimiento y

de que cada día, en cada llamada, te recordaba que terminarías escribiéndolo. No cambies nunca.

ANTONIO (1,98)

A mi amigo Santi lo conocí de casualidad. Sin más. Quedé con él a 4.000 kilómetros de mi casa a las puertas de una guerra (en la frontera entre Ucrania y Polonia), fui a prestarle mi ayuda y acabó prestándomela a mí.

Santiago es sinónimo de coraje, su grandeza reside en su corazón. La amistad que surgió de ahí es un lazo indestructible: resiliencia, amistad, lealtad, respeto y dejar ser a las personas ellas mismas por encima de todo, en una vida llena de juicios y prejuicios.

Santi siempre te aceptará tal y como eres. Espero que estas palabras te ayuden a comprender y viajar a través de su libro y veas que es importante valorar el tiempo con las personas.

Te quiero, amigo.

Fdo.: Tu amigo Francho sentado en la furgoneta escribiéndote estas palabras según salen de mi mente.

RAMÓN («FRANCHO»)

En tu vida siempre deberías poner un Pambu a tu lado. De lo contrario, nunca conocerás los que es ser una persona diferente y buena, dispuesta a ayudar al más necesitado y al menos necesitado, y siempre ofreciendo un hombro donde apoyar tu cabeza. Todos deberíamos tener un Pambu como amigo, hermano, primo, hijo...

JOSÉ FÉLIX RAMAJO

El viaje de mi hermano hacia la sanación ha sido un testimonio de valentía y determinación y estoy orgulloso de la persona fuerte y resiliente que ha emergido de esto. Nos diste una lección de superación y aprendizaje de la vida para valorar a las personas que tenemos a nuestro lado y, sobre todo, para vivir en el ahora, porque el mañana es incierto.

FRAN («PAQUITO»)

Cada llamada de Pambu era un aprendizaje y a la vez una desconexión del momento por el que él mismo estaba pasando. Siendo conscientes los dos, lográbamos intentar disfrutar con la mejor de las virtudes de Pambu: la risa y la alegría.

Un alma libre por fin, aunque sé que en la prisión de Evin seguirán echándote de menos. Dar sin recibir y recibir sin esperar, que por fin tiene lo que se merece: la libertad.

Donde conocí el verdadero significado de la palabra *aprendeher* fue contigo.

Gracias por todo y por tanto, amigo mío. Los Navascués te queremos por y para siempre en nuestro equipo.

PABLO NAVASCUÉS Y FAMILIA

Amigo Pambu, ¿cómo definirte en tres palabras?

Angustia, por no saber nada de ti durante muchos días.

Alegría, por saber que estabas bien aunque estabas en la cárcel de Evin.

Euforia, por recibirte en el aeropuerto y saber que volveríamos a compartir muchos días de fútbol.

P. D.: Los gestos nos defienden. Los obstáculos están para superarlos. Teníamos un jugador menos, pero tu alma y tu energía estaban con nosotros en cada partido, tanto en el vestuario como en el campo.

IVÁN SANZ («MELONI»)

No viví esta historia desde el dolor. Porque estaba seguro de que Santi brillaría. Sabía que sacaría su luz en esas paredes. Estaba absolutamente seguro. Como quien mira un partido de Nadal sabiendo que lo gana. La victoria estaba dentro. Y el premio fue la libertad.

ÁLVARO GARCÍA Y FAMILIA

Esta experiencia ha sido una lección de vida tanto para ti como para nosotros. Hemos aprendido que la vida hay que disfrutarla al máximo, que todo se puede superar y que lo más valioso es el tiempo.

Damos gracias por formar parte de nuestras vidas, por poder compartir tiempo contigo y por hacernos partícipes de tus experiencias y lecciones de vida.

NICO ABAD, periodista y presentador

Quisiera decir dos cosas:

Como madre, pasé los peores quince meses de mi vida, pero también tenía mucha fe en mi hijo, deseaba que ese injusto encierro le fortaleciera y al salir ayudara a los demás con su testimonio. Y, por supuesto, así ha sido.

Mil gracias al embajador, Ángel Losada, que me daba ánimos y siempre confió en él.

Tu madre que te quiere.

CELIA COGEDOR (madre de Santiago)

Pambu, ahora que ya estás aquí, y olvidado todo lo malo, sólo podemos dar las gracias porque como personas y como familia somos más fuertes. Tú das muchísimo, por eso sólo deseo que todo lo bueno que das a la gente regrese a ti multiplicado.

¡Sigue tu camino! ¡Sonríe! ¡Sé feliz!

NATALIA SÁNCHEZ (hermana de Santiago)

Desde estas líneas quiero agradecer a todas aquellas personas que se han implicado en la resolución de esta injusticia hasta conseguir la liberación, en especial, a mi esposa Celia y mi hija Natalia.

Santiago Sanchez Cogedor, fuiste un ser de luz en las prisiones de Irán implicándote en la ayuda a otros prisioneros y a ti mismo.

SANTIAGO SÁNCHEZ (padre de Santiago)

¡Está loco! ¡Alienado! ¡Desequilibrado! ¡Perturbado! Santiago es definitivamente todo eso de lo que es acusado. Y en este «mundo de cuerdos», Santiago es el que ve el planeta girar al revés o camina en dirección contraria. Es el que recorre 6.000 kilómetros a pie para recolectar «no sé qué cosa» que desluce y mancha la piel de nuestra madre tierra gracias a «nosotros los cuerdos».

Tal vez en ese caminar recoge por ahí las piezas faltantes en su «coco» o quizás vaya llenando, cual puzle con esas piezas, ese trocito de consciencia que nos falta a nosotros, seres formales, sensatos, inmersos en nuestra cordura. Porque sí, allá donde pisa atraviesa caminos sinuosos, arroyos, montañas, muros, piedras y, sobre todo, «almas», y así resulta ser inolvidable. Aprendió que no hay camino, sino que se hace camino al andar. Aprendió que son sus huellas el camino y nada más.

Santiago o simplemente Pambu. Un tipo sencillo, despojado de todo pero con su locura como bandera. Con sus tormentas y tormentos a cuestas.

Pambu, el hombre que aprendió a exonerar todo castigo por más injusto que fuera, el que aprendió a amar al ser humano con sus defectos y miserias.

Santiago, el loco que ama sus locuras y las de nuestro formal y sensato mundo. El mundo de las guerras, el del calentamiento global, el de los niños que mueren de hambre, el de las invasiones, el terror, las pandemias. Ese mundo tan cuerdo y Santiago «tan loco». Un tipo que aprendió a mirar hacia adentro, que sabe amar y, sobre todas las cosas, que no juzga jamás.

Ése es Pambu, amigo de sus amigos. Aprendió a mirar hacia adentro y por eso tiene el mundo a sus pies.

P. D.: Fue injustamente encarcelado al otro lado del mundo y, quienes lo conocemos, sabemos que sólo es cuestión de tiempo, pero regresar, regresará.

SERGIO «MARAVILLA» MARTÍNEZ, boxeador

Agradecimientos

Quiero acabar dando las gracias: ¡¡¡¡GRACIAS, GRA-CIAS, GRACIAS, GRACIAS!!!!

Gracias a todos los conocidos y anónimos que se movieron por mí, sea en lo que sea, los que ayudaron económicamente, los que cuidaron a mis padres, los que sufrían por no poder ayudar, los que se centraron por mi libertad.

En especial a los que utilizaron su valioso tiempo en ayudarme durante quince meses.

Hace casi cuatro meses desde que volví y sólo puedo dar las gracias y sonreír por la vida.

Sólo tengo amor y sonrisa para todos en el camino.

Gracias del primero al último.

Por mi parte, seguiré ayudando a todo el que pueda.

No quiero recrearme más en los malos momentos, pues la única forma de llegar a alguna parte es deján-dolos atrás.

Quiero seguir ayudando, motivando a otras personas a salir adelante y hacer su propio camino.

Por eso, te repito mi mensaje: que no te lo cuenten. Sal y di: «Allí estuve yo».